家が
好きで

小川奈緒

Nao Ogawa

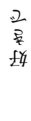

はじめに

いつからこんなに家が好きになったのだろう、と振り返ってみて、24歳で一人暮らしをはじめてからだ、という答えに行き着きました。

それ以前に暮らしていた実家も、居心地は悪くなかったし、記憶の中にある幼少期の家のリビングは、ソファも、照明も、そういえばなかなかおしゃれなものでした。

でも24歳のとき、自分で探して契約した、三軒茶屋のすみっこに建つ小さなワンルームの鍵を手に入れた日から、わたしの家好きの芽が花開いたのだと思います。

週末になると、隣町の渋谷、下北沢、中目黒や目黒まで出かけ、家具や雑貨を買い揃えていく日々。

そんな一人暮らしを10年ほど過ごしたのち、古いモノが好きな夫と知り合ってからも、わたしはたくさんのモノと出会い、手放すことをくり返すなかで、自分はどんな空間に惹かれやすく、どんなモノとは相性よく暮らせて、どんなモノとはウマが合わないかを学んでいったのです。

部屋に置くモノをつい人間のように見てしまう傾向や、無条件に胸がときめくインテリアは年令を重ねてもびっくりするほど変わらないこと、だからトレンドがどうあれ、惚れ込んだ家具にはまったく飽きることがない自分の性質を、だんだんと理解していきました。

この本は、20代、30代、40代と、暮らす場所を自分の城にすることに最上の喜びを感じてきたわたしが、50代の現在、ともに暮らしている愛用品を紹介する一冊です。

といっても、一級の審美眼と知見を持つ方が厳選した名品図鑑のような本とは少し（だいぶ）違います。中には名作と呼ばれる家具や照明もありますが、それが必ずしもみんなの愛用品になるとは限らないし、相性や縁が存在するからこそ、モノ選びはおもしろいのです。だから、これから語るのも、一つひとつが「わたしの愛用品」になるに至った、個人的なストーリーです。

この本をめくってくださる方に渡したいもの、そして共有したいものは、こんなふうに時間をかけてモノを選び、使いながら関係性を育むことの楽しさと、そうしたモノに囲まれて暮らす幸福感への気づきです。

どんな高級ホテルの客室より、自分の家が好きだと思える生活なら、それは幸せな人生を生きているということ。

人によっては首をかしげられそうな、でもわたしにとっては大真面目な価値観に、「うんうん、わかる、そうだよね」と思っていただけたら、とてもうれしいです。

LIVING ROOM

リビングルーム

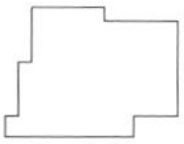

目次

コラム　合間のはなし

KITCHEN

キッチン

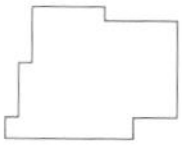

WORK ROOM

仕事部屋

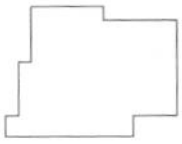

寝室

BED ROOM

ENTRANCE & GARDEN

玄関・庭

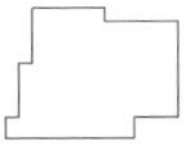

本書に掲載している商品は、すべて著者の私物であり、ブランドやモデル名、購入した店や時期など、著者が把握している情報は本文内に記載しています。

ヴィンテージ品や旧モデル品などは、現在は入手がむずかしいものもあることをあらかじめご了承ください。

リビングルーム

LIVING ROOM

月のように、いつもそこにいてほしい

ルイスポールセンのウォラート

リビングに吊るしているメインの照明は、ルイスポールセンの「ウォラート」というペンダントライトで、シェードの直径が30 cmのタイプ。

この家に引っ越してくる前、最初のリノベーション中にいくつかの候補から選んだもので、10年ほど使ったタイミングで、部品の劣化で修理に出した。そのときも「これを機に別のものに買い替えよう」とはならなかった。

当然修理費はかかるわけで、一瞬、そんな考えが浮かんだ気もするし、なんなら半日くらいはネットやインテリア本で買い替え候補を探した気もする。でも結局、別の照明がここに吊るされる風景がうまくイメージできなくて、「やっぱりこれがいい」となった。

わたしの場合、「買ってよかった」と買い物に満足するのは、購入直後より、しばらく時間が経ってから、ということが断然多い。それも数年単位で、感動が後からやってくる。1回目の使用（試用）期間が終わり、買い換えどきとなったころで、悩んだ末に修理に出したり、または同じものを買い直したりする決断を下したときに、「自分はあのときよいものを選んだんだ」と喜びがピークとなる。

それはきっと、気に入って使っていた道具が、いつしかかけがえのない相棒になっていたことに気づくからなのだろう。長い時間を共にして見知ったはずの相手の、新たな魅力とまた出会い直せるうれしさも、感動を盛り上げる。

ウォラートはけっしてデザインの主張が強いわけ

Louis Poulsen < Wohlert Φ30cm >

ではないし、むしろ削ぎ落とされたミニマリズムさえ漂う風貌だけど、適度なあたたかさを残しているところが、大きな魅力だと思う。

そのあたたかさは、かすかにザラッとした手触りが残る乳白色のガラスや、完全な球体ではなく、下をスパッと切り落としたような不思議なフォルムから生まれている。

もはや、ウォラートはわたしにとって、単にリビングの照明という存在を超えていて、毎日さまざまに形を変えながら見守ってくれる月のように、「いつもそこにいてほしい」と願っている相手なのだ。

シェード下部がカットされていて、完全な「まんまる」ではないところが好き。
熟練の職人の手による三層の吹きガラスは、表面がマットな質感で、灯りをつけると月明かりのように、内側からほのかに発光する。

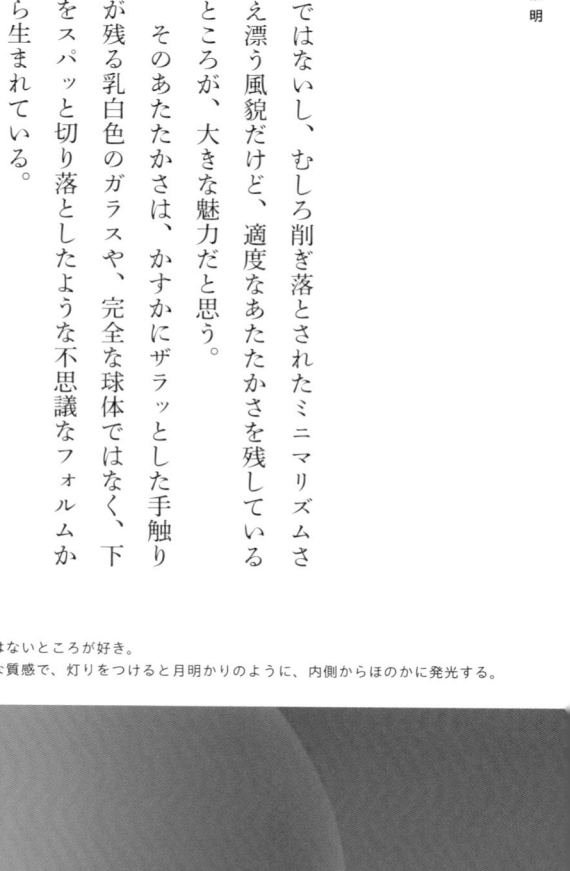

リサ・ヨハンソン＝パッペのペンダントランプ

和の空間のモダンさを映し出す金色

この家と出会って、リノベーションを依頼する建築家や工務店を探すよりも先に、まず取りかかったのは「お手本探し」だった。

家づくりの途中で迷ったとき、「あの家はどうなっていたっけ」とヒントを求めるような家。わたしたち夫婦にとって、それは前川國男邸だった。

古い建物が好きなわたしたちは、結婚前に、江戸東京たてもの園に移築された前川國男邸を訪れている。和と洋のエッセンスが見事に調和した、昭和を代表する木造のモダニズム建築だ。

当時、祖父母の家への郷愁から畳敷きの部屋にこたつを置いて暮らしていた夫と、欧米のヴィンテージ家具を買い集めるわたしが、いずれ一緒に住むなら、両者にとってちょうどいい落としどころとなる家は、きっとこういう感じじゃないか、などと想像力をかきたてられたものだった。

それから数年後、千葉に暮らすことを決め、縁側と庭のある古い和風住宅に出会ったとき、お手本として真っ先に浮かんだのが、前川邸だった。今度はデートではなく、家づくりの参考材料を求めて再訪してみると、より具体的に影響されたのが、ダイニングテーブルを照らす照明だった。

庭に向かって障子と格子窓を張りめぐらせた吹き抜けのリビングに、天井から吊るされているのは、イサムノグチのＡＫＡＲＩ。そんな和の要素のボリューム感を調整するように、ダイニングには、モダンな金色のライトが配されている。サイズはさほど大きくないのに、存在感は強く、そこに金色の照明があるのとないのとでは全体の印象はかなり変わってくるだろう、と感じた。

20代のころからヴィンテージ家具を見て回っていたから、ヴィンテージの照明に真鍮のシェードのものは案外見つかりやすいことは知っていた。

けれど、新婚時代に世田谷の家で使っていたヴィンテージ家具が、なぜか千葉の家に置こうとしてもしっくりこない、という感覚があり、照明も、デザイン自体は古いものだとしても、商品として今も製造されている新品で探そうと思った。

古い建物に古道具ばかり並べた家も素敵だけれど、もっとミクスチャーな空間のほうが自分たちらしい気がする。

そこには、前川邸から学んだ和洋折衷のバランス、相反する要素をスマートに共存させるセンスも、きっと関係している。

そんなわけで、現行品で金色のシェードの照明を探し、フィンランドのデザイナー、リサ・ヨハンソン＝パッペがデザインしたこの照明を見つけた。

のんびりとした曲線と、星屑のように散りばめられた小さな穴模様が優しげで、前川邸のカッコいい照明とはだいぶ雰囲気が違うのだけれど、このクールすぎない感じが、わが家には合っているように思う。

Lisa Johansson - Pape < Lisa450 >

アアルトのゴールデンベル

家の西側を守る寡黙な番人

フィンランドの建築家・アルヴァ・アアルトが、ヘルシンキのレストラン「サヴォイ」の内装を手がけた際に、その店舗空間のために考案した照明、「ゴールデンベル」。

カフェやインテリアショップで見かけるたびに、いいなぁ、きれいだなぁ、リビングのコーナーに吊るしたいなぁ、とうっとりしながらも、金色の照明はダイニングにも吊るしているし、同じ空間に２つも金色を吊るすのはしつこいか？　と、決断できずにいた。

やがて月日は流れ、この家に暮らして10年以上も経ってから、ようやくこの照明を迎え入れることになった理由は、風水だった。

心地よい家をつくる方法を理論的に体得したくて、以前から興味のあった風水を通信講座で学んだら、わが家のリビングの西側は凶方位にあたり、その凶作用を抑えるには、「金色の丸みを帯びたもの」を置くといいとわかった。そのときふわりと、久しぶりに頭に浮かんだのが、このゴールデンベルだった、というわけ。

シェードの色はゴールド一択（他に白や黒、シルバーもある）。サイズは一種類だから、オンラインでも購入できたけれど、ゴールドは、真鍮に仕上げの塗装が施してあるものと、無塗装のタイプがあり、現物を見て選ぼうと、表参道の「アルテック東京ストア」に出向いた。

塗装がしてあるタイプは、明るい輝きを放つ、いわゆる「ゴールド」。一方で無塗装のタイプは、酸

Alvar Aalto < A330S Golden Bell >

素に触れてどんどん変色していき、鈍く渋い金色に育っていくという。

しかも、指紋やほこりがそのまま模様のような跡になってしまうため、素手で触れるのは御法度。そうじやお手入れのときは必ずこれをつけてくださいと、白い手袋が商品に同梱されるほど、厳重な取り扱いが求められる。

はたして、わが家が選んだのはどちらだったか。

もちろん、後者の無塗装タイプである。

変わらない輝きより、変わっていく輝きのほうに惹かれるし、その過程を楽しめることにもワクワクするから。

手袋は、すぐ下のサイドテーブルの引き出しにしまっていて、今のところ指紋は見当たらないけれど、薄い模様のような跡はあり、ピカッ、キラッ、と輝くゴールデンベルではない。

でも、このどっしりとした金色が、わたしの心を落ち着かせる。

リビングのすみっこで凶作用を抑えようと踏ん張っている、寡黙な番人。思いがけず与えられた風水的な役割を、忠実に守ってくれている姿が、なんだか頼もしく見えるのだ。

ルイスポールセンのトルボー

夕暮れどきに灯す縁側の線香花火

古いブログを探して、縁側にトルボーを2灯吊るした日の記事を見つけた。

２０１３年2月21日。この家に越して、2年以上が経っている。

「縁側にトルボーを設置する計画は、3年前の家づくりの段階から出ていました。しかし、そのとき工面できるお金と、理想の家をつくった場合の金額は泣きたくなるほどの差があるわけで、『縁側の照明は、いずれ余裕ができたら買い替えればいい』と後回しに。でも、わたしたちはこの縁側にひと目惚れして家を決めたので、この空間をもっと自分たちらしくするために、いつかはトルボーを2つ買おう、というのが引っ越し以来の目標だったのです」

「わたしも夫も、和風の空間にルイスポールセンの灯りが下がっているバランスが、とても好きみたいです。

低予算のために理想と現実の差に泣くことも多かった家づくりでしたが、あのとき見送った夢も、こうして一つずつ、後から叶えていけばいいんだなと思いました。

家は、モデルルームのように、いきなり完成形を他人に見せるというのものではなく、自分たちがしあわせに暮らすための場所なので、時間をかけて少しずつ、つくっていけばいいのです」

その日のブログの写真は、縁側の東側からと西側から、はたまた昼間の風景と、日が暮れるのを待って寒いなか庭に出てまで撮影していて、今読むと、自分の浮かれぶりが滑稽なほどだけど、でも、こうして一歩一歩、家をつくってきたんだなと、自らの足跡を振り返るような気持ちで読んだ。

サイズ選びについても書いてあり、「150㎜と220㎜でさんざん悩んで、天井の引っ掛けシーリング同士の距離から220㎜にした」とある。当時から、ブログを読んでくださった方から、照明のサイズについて質問をいただくことが多かったので、浮き足立ちながらも、情報を書き残しておいたのだろう。えらい、とあのころの自分をほめたい。

わが家のリビングの照明はすべて調光ができるようになっていて、縁側のトルボーも、夕暮れ時に光量をギリギリまでしぼって、線香花火がポトリと落ちる直前みたいなオレンジ色に灯すと、今でもうっとりと見入ってしまう。そしてわざわざ庭に出て、外から縁側を眺める、なんてことをいまだにやっているわたしは、つくづく家が好きで、家に飽きない人間なのだろう。

Louis Poulsen < Tolbod 220 >

ルイスポールセンのPH 3/2 テーブル

静かな気品を漂わせるリビングの女王

ここ数年、自宅のインテリアの取材を受けるたびに、「いちばんお気に入りの照明」として紹介しているのが、このPHスタンドだ。

PHシリーズの照明は、デンマークの照明メーカー、ルイスポールセンが、デザイナーのポール・ヘニングセンとコラボレートした製品で、PHはポール・ヘニングセンの頭文字である。日本でも、ペンダントタイプをダイニングテーブル上に吊るしている家は多く、世界的な名作照明であり、おなじみの存在でもある。

わたし自身はいつかPHが欲しいと思っていたわけではなく、ある日突然、一瞬で恋に落ち、この相手を逃してはならぬ、と勢いで手に入れた。

あれは2019年の春。場所は、六本木のルイスポールセンのショールーム。ちょうど2階のリノベーション工事に取りかかっていて、新しくなる寝室のベッド脇の照明を探しに来たはずが、店内に入って正面に置かれていたこのPHスタンドに、目がくぎづけとなった。

ステムが真鍮仕上げになっているタイプは、ポール・ヘニングセンの生誕125周年を記念したリミテッドエディションで、定番として展開されてきたシルバーや黒のステムは素通りしてきたことを考えると、やはりこの金色が、わたしとPHをつないでくれたのだろう。

リビングに置くスタンド照明は、ペンダントのように空間を広く照らす目的で置くものではなく、どちらかというとオブジェ的なアイテムといえる。

Louis Poulsen < PH 3/2 Table >

そうした存在としてＰＨと向き合ってみると、あらためてそのデザインの美しさ、なぜこれほど長く世界中のインテリア好きから愛されてきたかを、理屈を超えて納得できた気がした。

ショールームの入り口に呆然と立ち尽くしたまま、「この金色のステムのＰＨスタンドをリビングの造り付け収納の上に置いたら、さぞやきれいだろうな」と、頭上にイメージの雲がむくむくと広がり、収拾がつかない状態になっている。全く予定になかった大物買いの予感に、胸の鼓動が早くなり、ドクン、ドクンと音まで聞こえる気がした。

ちょうど12回目の結婚記念日が近く、夫を説得して、それぞれプレゼントを贈り合うのではなく、一緒にこれを買おうと決めた。我ながらいいアイデアだったと今でも思っていて、それ以来、何かインテリアのアイテムで欲しいものがあると、記念日にかこつけて夫婦ワリカンで買う、というのがお決まりとなっている。

この照明に出会い、5年近く経っても全く飽きずに、毎日うっとり眺めながら思うのは、つくづく自分は、素敵な腕時計より指輪より、美しい照明がある空間に心が満たされる人間だということ。

あの日のショールームでの狼狽ぶりを思い出して、自らのトリセツに書き加えておくとしよう。

オーディオまわり

夫がつくった妖精たちの村

リビング東側の壁に沿って、レコードがぴたりと収まる寸法に造り付けた棚がある。

その上に、レコードやCDプレーヤー、アンプ、スピーカーといったオーディオ機器が置かれていて、ここは完全に夫のテリトリーだ。

小さな雑貨をディスプレイするセンスにおいて、夫はわたしより数段上で、それは何より、彼が素朴な人形やオブジェなどの「ちいさきもの」をこよなく愛しているからだと思う。

左右のスピーカーとアンプの上は、それぞれがちょっとしたステージのように、彼が出先で偶然目が合って連れ帰ってきた小物たちが、絶妙なバランスで置かれている。

硬質な音響機器が集まる場所にもかかわらず、ホッと心が和むような、ほどよい温度がここにはあって、時折、さまざまな姿かたちをした妖精たちが登場する絵本の一ページのように見える瞬間がある。

夫は、コーヒーを淹れたり料理に取りかかったりする前に、まずレコードやCDを選ぶ人だ。ちなみに運転中の音楽にもこだわりが強く、スイスイ流れる高速道路か、ノロノロ進む国道なのか、朝か昼か夜かでも、状況にマッチした音楽をかけることにおいてまったく妥協しない。

わたしも音楽が好きだけど、自分の耳に入れる音楽を厳選する夫を見ていたら、その熱意の差に結婚早々に気づき、わが家の音楽担当は全面的に彼に任

CAMBRIDGE

せることにした。
一人DJ遊びを楽しんでいた彼の才能が、意外な開花を見せたのは、自宅ワークショップで流すBGMの選曲役だった。
金継ぎの日、クリスマスリースづくりの日、漢方の日、ファッションの日……それぞれの目的やムード、季節や天気に合う音楽を絶妙なボリュームで流す、ということを自主的に、嬉々としてやっている。
そんな日は、普段よりにぎわうリビングの様子を眺めながら、きっと妖精たちも小さなステージで喜んでいるのだろう。

オイルランプ

記念日の食卓を演出する灯り

リビングの壁面カウンターのすみっこが定位置のオイルランプは、愛知県にある「江戸川屋ランプ」という灯油ランプ専門店で買い集めたもの。

義理の父がまだ元気だったころ、名古屋にあった夫の実家に帰省するたびに、その店に立ち寄り、千円台からせいぜい3千円台という価格の気やすさから、1つ、また1つと連れ帰った。

夫がブログでよく取り上げていたのと、おそらく縁側のある古い家に合う懐古趣味としてわかりやすかったのだろう。雑誌やテレビで取材されたこともあるけれど、今でもこのランプたちを毎日バリバリ愛用中かというと、実はそうでもない。

わたしたち夫婦は、2022年から晩酌の習慣と訣別し、お酒を飲まない生活をスタートさせた。すると、主に晩酌の演出として活躍していたランプの出番はめっきりと減り、誕生日や記念日の食事でひっぱり出されるくらいとなった。

それでも、このカウンターに肩を寄せ合い並んでもらっているのは、使う使わないを超えた、モノとしての愛らしさを感じるからだ。

ディスプレイのセンスがいい方から教えてもらった、「小さな雑貨はポツン、ポツンと置くのではなく、高低差をつけながら寄せて並べると洗練されて見える」というインテリアのテクニックを、いつもなんとなく意識している。

見た目のバランスだけでなく、モノたちの井戸端会議みたいな空気感がそこに生まれるところも、いいなと思っている。

アーコールのロッキングチェア

揺れても最後に戻る自分の軸

この椅子について、これまで何度語り、書いてきただろう。

イギリスの家具メーカー、アーコール社が現在も生産している「№.912チェアメイカーズロッキングチェア」。

2022年に出版したエッセイ集『すこやかなほうへ 今とこれからの暮らし方』の表紙になったり、メディアの取材を受けるときも、縁側でわたしが座る椅子としてカメラマンさんからご指名を受けたり。フォトジェニックであるのと同時に、何かを語りかけているような物語性を宿した椅子。

30代に入ったばかりの頃、編集者として担当した雑誌のインテリアページの撮影商品としてスタジオに運び込まれて、引き寄せられるように座ったら、強烈に欲しくなってしまった。それが出会い。

つまりはひと目惚れで、その日から20年近い歳月をともにしてきて、今あるのは、この椅子がわたしに「軸」を与えてくれたことへの感謝だ。

この椅子に出会った当時、わたしはファッション誌の編集者として忙しく、朝早くから撮影に出かけ、夜遅くまで都心で打ち合わせをして、という日々を送っていた。

三軒茶屋の世田谷通り沿いに建つ古いマンションの6階の部屋は、心から落ち着ける自分だけの巣ではあったけれど、そこで料理をしたり、お菓子を焼いたり、本を見ながら刺繍や編み物に挑戦したり、かと思えばヨガをはじめたり、という自分と、外で充実感を持ってハードに働く自分との乖離を感じて

Ercol < No.912 Chairmakers Rocking Chair >

いて、本当の自分はどっちなんだろう。たぶん両方だけど、両者の行き来やスイッチングがうまくできないもどかしさを、なんとなく抱えていた。それは悩みというほど深刻なものではなかったにせよ。

この椅子にはじめて座ったのはまさにそんな時期で、不思議なほど肌にしっくりくるものを感じ、周りのスタッフからも「すごく似合うよ」と声をかけてもらいながら、「やっぱりこっちなのかもしれない」と、泳いでいた目線が一点に定まったような感覚があった。

揺れ動いても最後に戻ってくる場所。つまり軸を見つけた瞬間だった。

だから、この椅子について何かを語りたい、伝えたいと思うとき、曲げ木のシルエットの美しさとか、包み込むような優しさと凛とした表情の共存とか、目で見て理解できる魅力はいくらでもあるのだけど、最後はどこまでも個人的なストーリーに行き着く。

わたしはこの椅子の存在そのものに感謝して、今も頼りにしているのだと。

この先もこの椅子が似合う家に住みたいと思い、暮らしを送りたいと思い、一日の短い時間でいいから座って、無理なら目のはしっこで姿をとらえて、そのたびに自分の軸に戻る、という毎日を送りたいと思う。

それは「座る」とか「くつろぐ」という域を超えて、たぶん一緒に生きている感覚なのだ。

アカプルコチェア

縁側のノスタルジーを壊す黒

これは20年前に買ったもの、こっちは15年くらいかな、などと言いながら愛用の家具を紹介していると、「好きなものが変わらないんですね」と驚かれることがある。

たしかに、好きだったものがそうでなくなる、という心変わりはめったにない。スペースの問題やライフスタイルの変化でお別れすることはあっても、好きな気持ちは最後まである。とりたてて情の深い人間だとは思わないけれど、家に置いているモノたちには、一つひとつ、愛情を感じている。

とはいえ、モノを選ぶ目に変化がまったく起きないわけではなくて、好きなものが増える、前は素通りしていた相手が妙に気になりはじめる、という現象はときどき起こる。

今の家に引っ越してから、黒い家具に目がいくようになったのも、その一例だ。

30代までのインテリアの好みは、ヨーロッパやアメリカの70年代あたりのムードで、それもデザイン性の強い家具より、用の美を感じる簡素なたたずまいに惹かれることがほとんどだった。

その趣味を根底に持ちながら、40代に入ると、「黒を取り入れたい気分」がじわじわと高まってきた。

縁側と障子のインパクトが強い和の家を、ただ「古きよき日本」としてまとめあげるのではなく、黒をスパイス的に散りばめて、ほんの少しエッジを効かせたい。

服のコーディネートと同じで、1つのテイストで統一するだけではつまらないから、ちょっとだけハズす。それもパッと見は気づかないくらいに。といった塩梅のミスマッチに挑戦したくなったのだ。

そうして自然発生した黒への興味と、ロッキングチェアの対として置くラウンジチェアを探すタイミングが重なって、突然視界に飛び込んできたのがアカプルコチェアだった。

新宿の駅ビル内のスターバックスに立ち寄ったら、この椅子が客席として置いてあり、以前から雑誌などで見知ってはいたから、興味津々で座ってみた。すると、ハンモックのように体が包み込まれる感覚に「これ、いい!」と胸がときめいた。

さっそくこの椅子が買える店を調べ、メトロクスという輸入代理元のショールームに出かけた。

メキシコのリゾート地で使われてきた野外用チェアをリデザインしたもので、スチールのフレームとPVCコードを編んでいるため、一人でヒョイと持ち上げられるほど軽い。座ると、ゆったり後傾する姿勢となり、本を読みながら眠ってしまうほどのリラックス感が得られる。

サイズと座り心地は一人がけソファにも引けを取らないのに、見た目の圧迫感がなく、移動も簡単。PVCコードの色バリエーションはメキシコらしくポップでカラフルだけど、目移りすることなく、黒を選んだ。

購入履歴を調べてみたら、2014年だった。ということは、比較的新参者と思っていたこの椅子とも、もう10年の付き合いになるわけだ。

今でも、縁側のノスタルジーを無邪気にかき乱してくれる、この黒が気に入っている。

J・L・モラーの椅子

どこか人懐っこい座り心地に安心する

ペーパーコードの座面の椅子への憧れは、30代の頃、よく写真集で眺めていたシェーカー家具の影響だろうか。

「いつか欲しい」と数年間願い続けて、この家への引っ越しを機に、実現に乗り出したのだった。

ひとくちにペーパーコードの椅子といっても、いざ探しはじめると選択肢はさまざまあった。

ボーエ・モーエンセンはずばり「シェーカーチェア」という名の名作椅子をデザインしているし、ウェグナーのYチェアも座面はペーパーコード。また、実際にシェーカー教徒がつくったという本場の椅子も、ヴィンテージ家具屋さんで見つけて座ってみたが、どの椅子も、いざ座ってみると、何かが違う。すごく素敵なのに、自分の相手ではないことが、座った瞬間わかってしまう。それは理屈で語れるタイプの違和感ではなくて、ただ「違う」のだ。

そんななかで、北欧家具を扱うノルディックフォルムという店でふと目が合ったのがJ・L・モラーの椅子だった。

そこには椅子を探しに行ったのではなく、たしかリサ・ヨハンソン＝パッペの照明（↓P.13）を見る目的で出かけたのだが、モラーのダイニングチェアがいくつか置いてあって、座面がペーパーコードのタイプも展示してあった。

聞くと、デンマークで受注生産しているため、フレームのデザインも、樹種も、オイル塗装も、座面の素材も細かくオーダーできるという。ただし、現地の職人による製作なので、納期は気長に待つことにはなる、と念を押された。

それまで座ってきた名作椅子にくらべて、ストイックすぎないおおらかさに、まず好感を持った。直線的な感じがなく、夫が描く線画のようにどこかのんびりとした人懐っこさがあるライン。いい意味で、普通のダイニングチェアだった。

期待を持って座ってみると、「お、なんかいいんじゃないの」と、お尻が言っている。

そのメッセージを通訳するように、「これがいいよ、これにしよう」と自分の口で夫に伝え、いざセミオーダー、となってからが大変だった。

背面のデザイン、アームの有無などのバリエーションに加えて、樹種や仕上げのチョイスにも迷った。それでもどうにか、№64（アーム付き）と№77（アームなし）を選び、木材はいずれもチーク、オイル仕上げに決定。もちろん座面はペーパーコードで、いざ注文。４ヶ月以上待って、デンマークから、はるばるわが家にやってきた。

普段は、アーコールのゴールドスミスチェア、パストーのボウバックチェア（↓P.43）と一緒にダイニングテーブルを囲んでいる。最初に感じた、いい意味での普通っぽさのおかげで、出自の違う椅子やテーブルともすんなりなじむ。

出しゃばった感じがないのに、座ると相変わらずお尻が喜ぶのがすごい。ウェグナーやモーエンセンほど有名ではないけれど、わたしにとっては、かけがえのない安心と信頼を感じている椅子だ。

J.L. Møllers < Model. 77&64 >

吉村順三のたためる椅子

ソファでくつろがない今の暮らしに合う

今のところ、リビングで最も新入りなのが、この2脚。

建築家の吉村順三さんが八ヶ岳音楽堂のために考案した「たためる椅子」だ。座面のレザーの色は黒にかぎりなく近い「ダークブラウン」で、フレーム部分は吉野杉。

この椅子が欲しいと思ったことは、ずいぶん前にもあった。現物に座ってみて、縁側に似合いそうだと直感的に思ったものの、日当たりによってレザーが変色してしまうのではと気がかりで、購入を検討する段階には進まなかった。

2023年の年明け、いつもの夫婦のコーヒータイムで、この椅子をリビングへ迎え入れる話が持ち上がった。

前年からスタートした自宅ワークショップで、リビングに置いた3シーターソファによる動線の悪さが気になりはじめ、思いきってソファを手放して、場所を取らず移動もさせやすい椅子に替えたい、という思いがふくらんでいた。

ソファの引き継ぎ先と、新たに迎え入れる椅子を検討するなかで、この椅子の存在をふわっと思い出したのである。

リビングに置くならば強い日差しを受けることもないし、なにしろ折りたためるのだ。ワークショップの日はもちろん、ヨガをするときだって、リビングを広々と使える。

久しぶりにネットで検索すると、前にこの椅子が展示されていた店はもうなくなっていて、今は東

Junzo YOSHIMURA < Tatameru Isu >

京・中野にある「モノ・モノ」というショールームで実際に座ることができ、生産は富山県の工房で職人さんの手作業で行っているという。

「まずはショールームに座りにいこうよ」と夫を誘い、予約を入れて出かけた。数年ぶりに対面し、座ってみても気持ちが揺れることはなく、その場で注文して、3ヶ月後に届いた。

数ヶ月間ともに暮らしてみて感じるのは、この椅子の魅力は座り心地ではない、ということ。クッションがきいているわけでもなく、ゆったり身を預けて座って、居眠りしてしまうこともない。リラックスを目的に座る椅子ではないのだ。

そもそも今の生活には、ソファでゆったりくつろいだり、昼寝したりする時間はない。それよりそうじがしやすく、ワークショップやヨガなどリビングを多用途に使えて、インテリアとしても美しいこと。その条件をパーフェクトに満たしているところに、この椅子の価値を感じている。

郊外の古い家で、のどかな暮らしを送っているように見えて、実は仕事も家事も趣味もごちゃ混ぜな日々に、この椅子は、なんだかちょうどいい気がする。

重さは約6kg、折りたたむと厚みが11.5cmになり、移動が簡単。ワークショップの日の動線もよくなった。

ヴィンテージのウィンザーチェア

長い現役生活を送るタフな椅子たち

1970～80年代のアーコールのゴールドスミスチェア（↓P.45右）、同じくアーコールの1940年代のフープバックチェア（同左）、そしてオランダのパストー社のダイニングチェア（同中央）は1950～60年代のもの。

いずれもヴィンテージで買い求めたもので、制作された年が0歳だとすれば、50代、60代、80代以上という顔ぶれ。しかし、いずれもバリバリの現役だ。

イギリスの老舗家具メーカーのアーコール社の椅子が、日本にこれほど浸透したのは、人気ブランドのマーガレット・ハウエルによる復刻が寄与している。マーガレット・ハウエルといえば、わたしにとっても10代の頃から憧れの存在で、ウィンザーチェアの魅力も、彼女の審美眼を通して知ったと言っていい。

忙しく働いたお金で好きな家具を買えるようになった20代後半から、週末ごとにヴィンテージ家具屋さんめぐりをするのが趣味となった。

雑誌のライターとしておしゃれな人のインテリア取材を担当することも多く、たくさんの刺激を受け、知識もつけ、自分の好みの土台を固めていった。30歳前後はイームズに代表されるミッドセンチュリー家具が大流行していたけれど、わたしはイームズより、質実剛健なウィンザーチェアのほうに胸がときめいた。

3脚のなかで一番長い付き合いの、オランダのパストー社のダイニングチェアに出会ったのも、そのころ。２００５年、世田谷区の野沢にあったビオトープというヴィンテージショップで見つけた。32歳で、２ＤＫのマンションに一人暮らしをしていて、仕事用の椅子とは別に、ごはんを食べる用の椅子として、これを1脚だけ購入した。値段は忘れてしまったけれど、5万円はしなかったと思う。その日も、自転車で近所のヴィンテージショップをのぞいて回っていて、店内で目にした瞬間、「理想的だ」と思ったのを覚えている。サイズも、色味も、存在感も。

部屋から店までは1メーターの距離だったから、一旦自転車を置きに帰り、またタクシーで引き取りに行って、後部座席で抱えながら帰った。

あれから19年、途中からは娘の食事用の椅子として毎日こき使われてきたにもかかわらず、グラつきも、ガタつきもない。実際に今も、この原稿はパストーの椅子に座って書いている。

この椅子たちの共通点は、線の細い見た目とは裏腹に、ものすごくタフだということ。

そして、クッションなんて使わなくても、ずっと座っていられるということ。

一見何の変哲もない椅子たちの、何がどうなってこの座り心地を生んでいるのだろうかと不思議になるのと同時に、この静かに醸し出される堅実さが、つくづく好みだなと思う。

PFSのダイニングテーブル

誠実なお店と人が作ったシンプルなテーブル

ダイニングテーブルは、パシフィックファニチャーサービスでセミオーダーした「ミッションテーブル」。シェーカー家具をモチーフにしたというシンプルなデザインで、木はナラ材。木目が目立つ「板目（いため）」と滑らかな「柾目（まさめ）」を選べたため、オプション料金を払って柾目を選んだ。

他にも、カトラリー入れとして付いている引き出しを、対角の位置にもう1つ追加して文具入れにしたり、引き出しの取っ手も木製から金属パーツに変えたりと、細かくアレンジできたため、14年使っていても「もっとここがこうだったら」というところがない。

強いていえば、天板のウレタンコーティングがはげてきて、夏場は湿気でベタつくのが気になる。その悩みをお店に相談したら、コーティングをはがして塗り直すこともできるけど、工房に運んだりしばらく預けたりと大ごとになるので、ひとまずお店で販売している蜜蝋入りのヴィンテージワックスを塗ってみては、と勧められた。アドバイス通りに試してみると、木の艶は出るのに手触りはサラサラになって、感激。このワックスはテーブル以外の家具のお手入れにも使えるため、何度かリピート買いしている。

テーブルのサイズは、1700×860×720㎜。1800㎜以上の大きなテーブルが欲しいと思っていたけど、10㎝削ることで動線がスムーズになり、隣りの収納もテーブルの延長として使えるので、このワイドにおさえた。普段は椅子を4脚置き、来客

Pacific Furniture Service < Mission Table >

があってもスツールを足せば6人くらいまでは十分座れる。

パシフィックファニチャーサービスは、わたしが一人暮らしをしていた頃は、中目黒でヴィンテージ家具を売っている小さなお店で、大好きだった。

ここで買った中古のソファやテーブルは、引っ越しのたびに譲り先を探して、手を上げてくれた友人に大切に引き継いできたし、そういえば今もリビングのすみっこで使っているサイドテーブルは、当時パシフィックファニチャーで買った米軍住宅の中古家具だ。もう20年以上愛用している。

そんなふうに長きに亘ってファンだったのだが、このオリジナルのダイニングテーブルを迎え入れたことによって、お店への信頼はますます厚いものとなった。

テーブルの納品から2ヶ月近く経った頃、カトラリーを入れている引き出しの滑りが悪くなり、開閉のたびにつっかえるようになってしまった。

お店に電話をすると、こんな郊外まで、数日のうちに家具職人の男性が2人で来てくれて、縁側で作業して直してくれた。

すべりが悪くなった原因は、日当たりや湿気で木が動いたせいで、まだ引っ越したてで殺風景なわが家と、冬らしい庭の景色を眺めながら、「こんな素敵な家で自分たちがつくった家具を使ってもらえるのはうれしいです」としみじみと言った。

その誠実な言葉に、こちらこそ、こんな素敵な人たちがつくった家具を使って暮らせるなんてと、胸がじんわり熱くなった、ちょっといい話。

ヴィンテージのネストテーブル

機能的であり物語性もある家具

ネストテーブルは、3つのサイズ違いのテーブルを、入れ子のように重ねられる便利な家具。

一説には、産業革命時のイギリスで、都市の人口増加によって世帯ごとの居住空間が狭くなり、その住宅事情に合わせて生まれたと伝えられている。ヨーロッパのヴィンテージ家具としては広く普及しているし、メーカーもデザインも、選択肢は多い。

わが家には2セットあり、片方は、30代の頃に一人暮らしの部屋で使う目的で買った、デンマークのヴィンテージ。

もう1つは、2022年から自宅ワークショップをはじめるために買い足したもので、イギリス製。ヴィンテージ家具のオンラインショップで購入した。

この家具の魅力についてなら、いくらでも語れる自信がある。

3つ重ねれば、テーブル1個分のスペースまで縮めることができるから、部屋に出しておくにしても、収納にしまうにしても、かさばらずにスペースを有効活用できる。

並べれば、多少の段差はできるものの、広いテーブルとして使えて、その並べ方も、天板の長辺をつけるか、短辺をつけるか、またはL字に置いてみるかと、フレキシブルに変えられる。

バラして使うときも、1個ずつは片手で持ち運べるほどのサイズと重さなので、家じゅうあちこち移動させるのも簡単。

一人暮らしの部屋では、デンマーク製の天板にタイルが埋め込まれたものを、ソファのそばに置いて使っていた。

このタイルは単なる飾りではなく、コースターや敷物の役目を担っていて、グラスやカップや花瓶など、テーブルに直接置くと輪じみができてしまうものを、ここに置けばいいわけだ。

なんて合理的で、機能とデザインが美しく結びついているのだろう！と、北欧家具の自由な発想力に感動したのを覚えている。

見た目としては、デンマーク製はほっそりとして軽やか、イギリス製はどしっと安定感のある感じで、どちらも同じくらいの年代（１９６０～70年代）とサイズ感（一番大きいもので天板が５５０～５７０㎜×３６０～３８０㎜くらい）なのに、個性がまったく違うのがおもしろい。

買った時期は違えど、いずれも吟味して選んだもので、用途にも合っているし、気に入っている。けれどやはり北欧製のほうは、付き合いの長さから湧く愛着と、物理的な軽さに対するありがたみを感じる場面が多いかもしれない。

ワークショップの日は、縁側にこのテーブルを１つずつバラして庭に向かって等間隔に並べ、ダイニングチェアと組み合わせて配置する。

50年以上前に作られた、デンマークとイギリスの機能的な家具が、海を渡り、時を経て、日本の縁側で大活躍しているなんて、まるで絵本にできそうな話ではないか。

いずれ夫を誘って、そんな作品を一緒につくってみるのも楽しいかもしれない。

間仕切りの造作収納

あえて空間を広々と使わないための仕掛け

わが家のリノベーションは、これまでに大きく3回行っている。

1回目は、築34年の中古物件として家を購入し、東京から引っ越してくる前。高齢の夫婦が暮らしていた純和風住宅を、縁側と庭と玄関は残して、リビングとダイニング、台所や水回りなどを一新した。このときは1階がメインで、予算の都合で2階は後回しとなった。

住んで10年目となる年、工務店さんと一緒にDIYで2階のリノベーションをしたのが、2回目。寝室と子ども部屋、納戸、トイレ、2階の洗面所を直した（その記録は2020年刊行の著書『直しながら住む家』に詳しくまとめた）。

3回目は2023年、塀や土地の構造部分といった外回りの補強工事。こうして、住みはじめて10年以上かけて、少しずつ直してきたのだった。

1回目のリノベーションは、建築家の渡辺貞明さんに設計を依頼した。

リノベーション関係の本で渡辺さんの自邸の写真を見つけて、「この方に相談してみよう」とピンときたのだった。

それから約10ヶ月に渡る設計と工事を通じて、渡辺さんからはたくさんのことを教えてもらった。

和室二間をつなげて15帖のリビングダイニングにするときも、単に「広い空間」とするのではなく、天井を部分的に下げたり、部屋の中心に杉の柱と固定の収納を設置したりと、視線や動線に遊びを仕掛ける提案をしてくれた。

この造作収納は、リビングとダイニングをゆるやかに仕切る役目をしている。動かすことはできない代わりに、空間全体の軸となって、独特の安定感をつくってくれている。

収納なのでモノをしまっているわけだが、ダイニングテーブル側は、薬や診察券ファイルや保険関係の書類、電球などで、リビング側は、その時々で中身が変わる。娘が小さい頃は絵本やおもちゃをしまっていたし、今はヨガマットや動画を撮るための三脚などが収まっている。

この収納の高さをダイニングテーブルと揃えたことで、テーブルを実際のサイズ以上に広々と使えている。ひそかなポイントとして、杉の柱の反対側に直径3cmほどの穴が開けてあり、そこから照明のコードを収納内部に通して、コンセント差し込み口につなげられるようになっている。

つまり、ここには必ずテーブルランプを置き、そのコードがなるべく表に出ないようにと、渡辺さんが工夫してくれたのだ。おかげで今は、ここにルイスポールセンのPH3/2テーブル（→P.22）が、リビングの女王として凛とした表情で佇んでいる。

リノベーション設計の打ち合わせで、この収納のアイデアを渡辺さんが手描きのラフスケッチで見せてくれた瞬間は、ワクワクしたなぁ。

わが家を訪れてくれた方に、この小さな穴とシンボリックな柱の説明をするたび、建築家が考えてくれたオンリーワンのデザインを誇らしく思う。

写真立て

心地よいカオスが生む家の空気感

小さめの写真立てを、カウンターの薄型収納の上にずらりと並べている。

ここを見れば、わたしがミニマリスト的な価値観の持ち主でないことは一目瞭然で、同時に、来客が最も熱心に見入ってくれるのがここだとも思う。

新婚当初、友人からお祝いのリクエストを聞かれると、「写真立てがいい」と答えていた。

外国映画の影響なのか、いろんなサイズや材質のフレームを混在させて並べるのが好きで、自分で買ったもの、ギフトでいただいたもの、『家がおしえてくれること』から親交がはじまった岐阜県の家具職人・石川寛之さんがつくる「ルークファニチャー」のウッドフレームも少しずつ増えていき……と、今はいい具合にカオス状態。

ゲストの反応が最も多いのは、写真家の米谷享さんが、娘が5歳と13歳のとき、まったく同じ構図とポーズで撮ってくれた縁側の家族写真。連作ともいえるモノクロとカラーの2枚の写真を見比べながら、子どもは8年間でここまで成長する、という事実に感動する。

リビングに入ってすぐ目に飛び込んでくる場所に、家族の歴史がずらりと並んでいると、はじめて訪れた人でも、家の空気感を一瞬で感じとれるだろう。

そうじのしやすさやインテリアの洗練度といった尺度では測れない価値。家の味わいをつくっていくのは、たぶんそうした部分なのだ。

「ルークファニチャー」のウッドフレームに、５歳と13歳の娘の成長を記録した家族写真を入れて、並べている。

障子

昔ながらの機能に守られて暮らす

来客から一番多く聞かれる質問は、「この障子は前からあったものですか？」かもしれない。

リビングダイニング全体を見回して、この障子が放つインパクトがそれだけ大きいということだろう。

わが家の1階のメインフロアは、和室が2間並んでいたのを、襖や欄間を取り払って1間につなげた空間で、障子と縁側は既存のまま使っている。

だから建具としては50年近く使い続けている計算になり、家の歪みによって立て付けは少々悪いが、致命的なダメージというほどでもない。

梅雨時、木が湿気を含んで膨張して、ますます滑りが悪くなると、「今年もこの季節だなぁ」と、ヨイショ、ヨイショと開閉するのも、もはや風物詩といえる。

育った実家も洋風の造りだったので、こんなにも障子が身近にある暮らしはしたことがなかった。

そのため、障子の機能性への感動は大きく、「細い木枠と薄い和紙でこれほど守られている感じがするものなのか」という驚きが、いまだにある。

冬の縁側はとにかく冷えて、「天然の冷蔵庫」という表現がぴったりだけど、そこととの境界線を引くように、すべての障子を閉めきれば、室内は十分暖かく保たれる。

また、この障子が雪見障子であるところも気に入っていて、日中は下半分をガラスにすれば、縁側と庭の緑を視界で楽しむことができる。四角く切り取られた庭の風景が、まるで絵画のように美しく見えてハッとすることもある。

Shoji

障子紙の張り替えは、直近では、混雑回避でどこへも出かけないと決めた昨年のゴールデンウィークに丸一日かけて行った。

その様子を投稿したインスタグラムのリール動画を見返すと、「和紙をはがす作業＝3人×2時間半、和紙を張る作業＝2人×3時間半、和紙やのりなどの材料費は3千円」と書いてある。

はがす作業は娘が加わってくれたので3人、張るのは夫婦で、その間に娘には夕飯づくりをお願いしたことも、いつかよい思い出となるだろう。

体力的にはクタクタに疲れたけれど、これほど家族でわかりやすく協力しあってできる作業も、考えてみたらめずらしいかもしれない。

これからも数年おきに、重い腰を上げて取り組んでいこう。

室内と縁側と庭をゆるやかにつなげてくれる障子。床の間がある和室だった名残で、部屋の端には組子障子もある。

ワークショップ用具入れとしての役割

縁側の端にある収納は、1回目のリノベーションのとき、そうじ用具などをしまう場所としてつくった。以前は床と壁だけだったコーナーに、観音開きの扉を設置して内側を見えなくしたのである。

奥行きたっぷりでかなりの収納力だけど、こうした収納はちゃんと頭を使ってモノを収めないと、奥が取り出しにくく、手前はゴチャゴチャ、ということになりやすい。

この収納の中身には変遷があり、引っ越してきて10年ほどは、そうじ用具のほかに、リビングのオーディオコーナー（↓P.25）の棚に収まらないレコードをしまっていた。

縁側の収納

今も活躍しているアイリスオーヤマのスチールラックは、その目的で夫がわざわざ買ったもので、上半分にはそうじ用具や庭作業用具、下半分には二軍（リビングのメインのレコード棚には入れてもらえないけど夫がまだ手放さない）レコード、さらに家族のアルバムも並べていた。

娘が幼い頃は、家族旅行へ行くたび、写真をプリントしてアルバムをつくっては、自分で見返したり、人に見せたりしていた。だからダイニングテーブルから近い収納にアルバムが置いてあることに、当時は意味があった。

ところが、記録的な長梅雨だった2020年、ここにしまわれていたレコードが悲惨なほどのカビ被害に見舞われ、夫が「もうこんな目に遭いたくない」と、レコードコレクションを半分以上手放した話は、2021年に上梓した『ただいま見直し中』に詳しく書いた。

その後1年あまり、「多少ゆとりのある雑多な物入れ」としての時期を送り、大きな転換期を迎えたのは2023年初夏。

前年からスタートさせた自宅ワークショップが好評で、一回あたりの定員を8名まで増やしたところ、使う椅子やテーブルの数が増え、家じゅうから家具をリビングに集めてくるのが大変になった。

そこで、設営も片づけもできるだけスムーズにすべく、使う道具はなるべく縁側の収納にまとめよう、と計画を立てたのだ。

アルバムは2階の納戸へ移動し、ワイヤーラックの棚の高さを、収めるモノの寸法に合わせて調節した。ラックの下段には、ワークショップの日に使うIKEAのガーデンチェア（↓P.66）を並べて収納。手前にネストテーブル（↓P.49）を置いても、扉はちゃんと閉まる。

こうした収納内部のプチ改変によって、基本的には、縁側とリビングの行き来だけでワークショップ前後の作業が完了できるようになった。頭と体を使った自分に拍手。

収納としての用途が明確であること。モノをしまう場所と使う場所の距離がなるべく近いこと。出し入れがしやすい量としまい方であること。

ここを整理したことで、ワークショップの準備と片づけのストレスがグンと減った事実を前に、収納とはなんて奥が深く、可能性に満ちた世界なのだろうと、しみじみ思っている。

AURO
そうじ用
古タオル

IKEAのガーデンチェア

素晴らしき過不足のなさ

IKEAの木製折りたたみチェア「ASKHOLMEN（アスクホルメン）」を、庭用に2脚（→P.206）、室内用に4脚揃えている。

庭に出しっぱなしで10年以上使っている実感としては「可もなく不可もなく」だったけど、ワークショップの日だけ使う折りたたみ椅子を探すなかで、あらためてこの椅子の価値を見直したのだった。

縁側の収納（→P.64）でも書いたとおり、普段は折りたたんでしまっておいて、ワークショップの日の朝に収納から出して、並べる。このときの椅子に何を選ぶか、数ヶ月悩んでいた。

パイプ椅子は興醒めだし、海外のスチール製は雰囲気も座り心地もいいけれど重くて、4脚揃えるには、また予備の家具にしては価格が高すぎる。ヴィンテージはどうしてもガタつきやグラつきがあり、その割に値が張る。

ネットで探して目星をつけては店舗へ見に行き、空振り……を何度か繰り返したころ、ある日の縁側休憩で、夫が庭を指さして「あれは？」といった。灯台下暗しとはまさにこのこと。たしかに、探し求めている「軽い折りたたみチェア」だ。

庭で軽く汚れを拭き取り、縁側やリビングに置いてみたら、あれ？悪くない。座り心地も、うん、悪くない。というか、いつも座っているから、なじみのある感じ。

「ここがたまらなく好き！」と愛でるポイントはないけれど、「どうしてもここがなぁ」という惜しいポイントもない。そもそも、これっていくらだっ

IKEA < Askholmen >

たんだっけ、とネットで調べてみると、1脚350 0円！ そんなに安かったの⁉

その価格で、年中野晒しで、木が割れたりガタガタになったりもしていないなんて、ちょっとすごいではないか。他をさんざん探した後だからこそ、なんの変哲もないこのガーデンチェアが、急に偉大に思えてきたのである。

こうして、ワークショップの日に室内で使うことを目的に4脚買い足したのだが、10年前も今回もやったことは、買ってすぐのペイント作業。売られていたままの木の色ではちょっと他の家具のトーンと合わないため、DIYで余っていたステインを塗って、色を微調整している。

デザインやサイズ感はいいのに、木の色が微妙にインテリアに合わない家具は、塗ってしまえばいい、という大胆さは、20代のころからインテリア上手な人たちの部屋をたくさん取材してきた賜物だと思う。ペイントは簡単で楽しい作業で、サッ、サッと刷毛を動かす間に、IKEAで3500円で大量に売られている椅子が、世界中探してもどこにもない、自分だけの家具に生まれ変わっていく。

ワークショップの日、この椅子を収納から出したり、しまったりするたびに、「やっぱりこれにしてよかった」と毎回思う。

他の候補をいろいろ見て回ったうえで、この椅子の、片手でヒョイと持ち上げられるほどの軽さと、過不足のないデザインがいかに素晴らしいかを、こうして実感をこめて語れるのだ。

ラグとオットマン

置いた場所がくつろぎの空間になる

リビングのラグは、東京・青山にある西洋民芸店、グランピエで、この家に合わせて選んだもの。引っ越しのときにはあったから、もう14年近く使っていることになる。

ラグを探していたとき、わたしの頭の中には明確な理想像があった。

それは、夫婦ともに大好きな、シカゴのオルタナティブロックバンドのウィルコが、スタジオやライブのステージにいつも敷いている古い絨毯。

または、ジャック・ジョンソンがライブのステージに敷いて、その上を裸足で歩きながらパフォーマンスしていた絨毯。

どちらも、見るからに長く使い込んできた風合いのペルシャ絨毯で、それを床に広げた瞬間、どこであろうと自宅のリビングに一変させてしまうような力を感じて、強く印象に残っていた。

彼ら以外にも、音楽ライブではよくある演出のようで、それがビジュアル的な効果を目的としているのか、あるいは音響効果を含んでいるのかはわからないのだけど、絨毯を持って世界ツアーを回るなんて、なんだか粋である。

うちのリビングにもああいう敷物を敷きたい、というイメージを思い描きながら探し、色味やサイズから選んだのが、これだった。ペルシャ絨毯というより、もう少し薄手のアフガニスタンの織物で、四角く折りたためる。だから夏は縁側の収納（↓P. 64）にしまっておいて、暑さが引いたらまた出して、というふうに使っている。縫い合わせ部分の糸が劣化

して切れてしまったときは、仕事部屋から裁縫箱（→P.164）を持ってきて、太い糸と針を持ち、床に座り込んでチクチクと縫う。

モロッコ製のレザープフは、ネットで購入したもの。一人暮らしの頃にインテリアショップで買った、柄の刺繍が施されたタイプのレザープフは、10年以上愛用するうち、革が劣化してボロボロになってしまった。アイテムとしてはすごく気に入っていたから、似たようなもので、よりシンプルで丈夫そうなものをネットで探して、これにした。

買ったのは革のカバーだけで、中綿がわりに古い毛布やバスタオルを詰めている。ぎゅうぎゅうではないから、適度に変形するところがよくて、床に寝転がりたいときは枕がわりにするし、たためる椅子（→P.40）にオットマンとして組み合わせると、ぐっとリラックスした座り心地になって、読書がしやすい。

ラグもプフも、床にゴロゴロしながら動画を観るのが大好きな娘のお気に入りで、逆に、ヨガやワークショップのときは片づける。つまり、多目的に使うリビングを、純粋に家族がくつろぐ場に切り替えるための役を、この2つは果たしているのだろう。

そう考えると、もともとイメージにあった、ウィルコやジャック・ジョンソンのステージやスタジオに敷かれていたペルシャ絨毯と、同じような存在といえるものかもしれない。

壁掛け時計

愛すべき性格が顔に出ている

ダイニングテーブルの横の柱に掛けている時計は、世田谷のヴィンテージショップで買った古いもの。年代はおそらく1970年代、ドイツの〈Peter〉というメーカーの製品だ。

この家に越してくる前、新居用の照明などを探して回っているときに見つけて、ひと目惚れ。予定にはまったくなかったのに、たしか1万円前後という価格もあって、迷わず購入した。陶器のフレームにダークチョコレートみたいな茶色の文字盤をはめ込んだ、どことなく昭和レトロな雰囲気に魅了された。

この時計をぼんやり眺めていると、なんだか人に見えてくる。

時計は、他の家具に比べて「顔」がわかりやすいアイテムといえる。その顔の印象を大きく左右するのが数字の書体で、この時計のそれは、丸みがあって、なんとも愛敬があるのだ。

実は購入してから数年の間に、表示している時刻の正確さがどんどんどんどんあやしくなり、針を戻してもすぐに遅れ、それを見越して15分も進めておかなくてはならなかったり、そうかと思うとまた数週間後にはちょうど合っていたり。時計なのに、時刻がまったくあてにならないという、なんともあぶなっかしい存在だった。でも、ちょっといい加減で飄々とした感じもまた憎めなくて、別の時計に替えようという考えが、不思議と浮かんだことがない。

その後、時計はとうとう止まってしまい、すがるような思いで駅前の時計屋さんに修理をお願いしたら、トランジスター式からクオーツ式に生まれ変わることで、見事な完全復活を遂げた。その修理から7、8年は経つはずだが、電池交換以外はまったく調子を狂わせることもなく、かつての問題児とは別人のような優等生ぶりである。

それでも、性格がまったく変わってしまった感じはなくて、あたたかな焼き色のタイルと、ビスケットみたいな数字の配列は、時計とにらめっこの慌ただしい毎日に、「まぁまぁ、そう慌てなさんな」とのんびりとした声をかけてくれているみたいだ。そんなキャラクターがにじみ出ているこの時計には、きっと無意識のうちに、ずいぶん助けられて、癒されてもいるのだろう。

花瓶

豊かな暮らしを連れてくるもの

日常的に花を飾るというと、暮らしを楽しむセンスが上級な人がすること、と思われがちだけど、実は、よい花瓶さえ持っていれば、花を生けること自体はとても気軽になる。

花は、花瓶いっぱいに生けなくてもいいし、なんなら花が1輪もなくても、枝や葉っぱだけ生けるのだって十分素敵だ。だからまずは、有能な花瓶を手に入れることからはじめるのもいいと思う。

といいつつ、誰にとっても使いやすい、まず1つめは基本のこれを、という品は存在しない。

なぜなら、花瓶は、空間の広さや置く場所と、花瓶自体の大きさや形のバランスが重要だからだ。一人暮らしのこぢんまりとしたマンションの部屋では使いやすかったものが、郊外の一軒家のリビングに置いてみると、なんだかポツンと寂しく見えてしまって間が持たない、なんてことが起こる。

これはまさに、わたし自身が経験したことで、昔から好きで集めた一輪挿しも、今はトイレの棚や写真立ての間に置くくらい。だから、欲しいと言ってくださる方に譲りながら、数をぐっと減らした。

メインとして使う花瓶は、リビングの広さとの兼ね合いで、少なくとも1Lジャグ程度の大きさはほしい、というのが今の実感だ。

草花を生けることを習慣にしてみると、花器としての見た目と、生けやすい生けにくいは別問題であることもだんだんわかってきて、いろんな花瓶を買っては、いまひとつ使いこなせなくて手放す、というのを繰り返してきた。

そうして今、残っているのは、花を実際に生けてみて、「これは形が決まりやすい」という実感が毎回得られるもの。具体的には、背が高すぎず、口径も底面も広くて安定感があるもの。持ち手がついたジャグは持ち運びがしやすく、表情に親しみが感じられて、見た目にも好み。

最近もっとも出番が多い黒のガラスの花瓶（→P.78）は、ガラス作家の津村里佳さんの個展で購入した。黒は淡い色も華やかな色も、どちらもキリッと引き立て、何を生けても絵になる。

水色と白のツートーンの陶器のジャグ（→P.79）は、10年以上前に、当時まだ青山にあった、べにや民芸店で衝動買いしたもの。用事のついでにふらりと立ち寄ったら、ちょうど作家さんの個展が開催されていて、ひと目で気に入って購入した。でも、肝心の作家さんの名前をまったく憶えていない。それくらい、ただ純粋にモノとしての佇まいに魅かれて、これを家に置きたいと思ったのだ。花瓶にしてみると本当に優秀で、しまいこむときがほとんどないくらい、いつも何かしらをこれに生けている。

なぜかわからないけど、探しているときほど、欲しいと思えるものがなかなか見つからないのが花瓶。そんなイメージが、わたしの中にはある。

だから、こういう花瓶がいい、というイメトレだけはしっかりしておいて、頭のすみっこにアンテナを立てておく。するとある日、理想的な相手が目の前にふと現れる……たぶん。

そのとき、もしも「ちょっと高いかな」と感じる値段だとしても、思いきって買うほうがいい。洋服や靴みたいに何年周期で買い替えるものでもないし、この先も長く付き合っていくことを思えば、結局あのとき払った金額は高くなかった、ということになる。

人と同じで、ピンときた相手は、逃してはいけないのだ。次にいつ出会いが訪れるか、わからないのだから。

縁側のミニ書斎

庭を眺めながら仕事がしたい

縁側の西側に小さなワークスペースをつくったのは、2020年2月のこと。

2階のリノベーションを経験してDIYが楽しくなり、引っ越し以来ここにあった茶箪笥（→P.171）を仕事部屋に移動させて、余っていたペンキで壁を塗り、自在棚を取り付けて、新しいコーナーを自作した。当時のインスタグラムによると、総費用は金具と木材で7千円。

ここを書斎にしたいと思ったのは、仕事部屋が東向きで玄関にも近く、冬がとにかく寒いため、一日そこで執筆すると体が芯から冷えてしまうから。

お昼前にコーヒー休憩をとりに縁側へいくと、そこは数分後には汗ばんでくるほどの暖かさ。たった20分しか滞在しないことが、もったいなく思えてきた。

いっそ縁側で仕事したらいいんじゃないか？と夫婦で話した1週間後には、このコーナーができていた。10年住んだ家でも、発想と行動力によってまだまだ進化するんだ、と感動した。

それから4年が経ち、この小さな書斎は、当初の目的をはるかに超えた活躍ぶりである。

ワークショップのお茶菓子タイムは、参加者さん用の席の1つになるし、一日中明るいから、オンライン取材や講座受講もここで行う。朝ヨガの後、庭を眺めながらブランチをしたり、ときには気分を変えて、ここで執筆してみたり。

いつも使うわけじゃないけど、ちょっとだけ視界を変えられる場所が家の中にあることの価値を、この小さなコーナーは教えてくれる。

黒いフレームのイラストを飾っているのも実は風水。長年置いていた茶箪笥の跡を隠すのと、椅子のすべりをスムーズにするためにマットを敷いている。

乳液をつけた肌のように木がしっとり潤う

アウロの床用ワックス

リビング木部のワックスがけは、月1、2回といったところ。

自宅ワークショップや雑誌の取材、来客予定の前日にやるか、そうした予定がない月は、月星座（→P.216）のカレンダーを見て、リビングそうじに適した獅子座か、床そうじに適した山羊座に月がある日に、やっておきますか、と腰を上げる。

ワックスがけといっても、ピカピカツルツルの床に仕上げるのではなく、アウロというドイツの自然塗料メーカーの№431という床用ワックスを使って、モップで水拭きをするだけ。

洗面所のシンクにぬるま湯をためたら、アウロを

規定量溶かし、マイクロファイバークロスを浸して絞って、それをモップに取り付けて拭いていく。30倍希釈だから、1回のワックスがけで使うのはキャップ3杯程度。1ℓ入りの缶の値段は6千円弱とまぁまぁ高いけど、使い切るのに2年以上はかかるから、実際のコスパはそう悪くない。

アウロのワックスは、肌のお手入れに例えると、美容液やパックといったスペシャルケアではなく、もっと日常的なお手入れの乳液、という感じ。クリームほどの重たさもなく、化粧水よりは潤う。天然成分ならではの自然な香りと、表面を光らせるのではなく、内部に浸透したうえで放たれる落ち着いた艶が上品だ。何よりしっとりすべすべの木の感触が気持ちよくて、かれこれ10年近く使っている。

リビングと縁側、玄関、仕事部屋、階段、トイレや廊下といった床だけでなく、収納の扉、柱、壁、椅子やテーブルなどの家具に至るまで、天然木のものは、このアウロで水拭きすると、いい具合にしっとりする。

そのうえで、ダイニングチェアやテーブルは、ちょっと潤いが足りないな、カサついてるな、と思ったら、蜜蝋入りのこってりしたテクスチャーのワックスを塗り込むことを、年1、2回やる。もちろん効果はあるのだけど、二度拭きが必要だし、毎月はむずかしい。

その点、アウロでの手入れは、とても手軽だ。ワックスがけといっても1時間程度で終わり、重労働というほどでもない。だから続けられるし、人にも勧めたくなる。

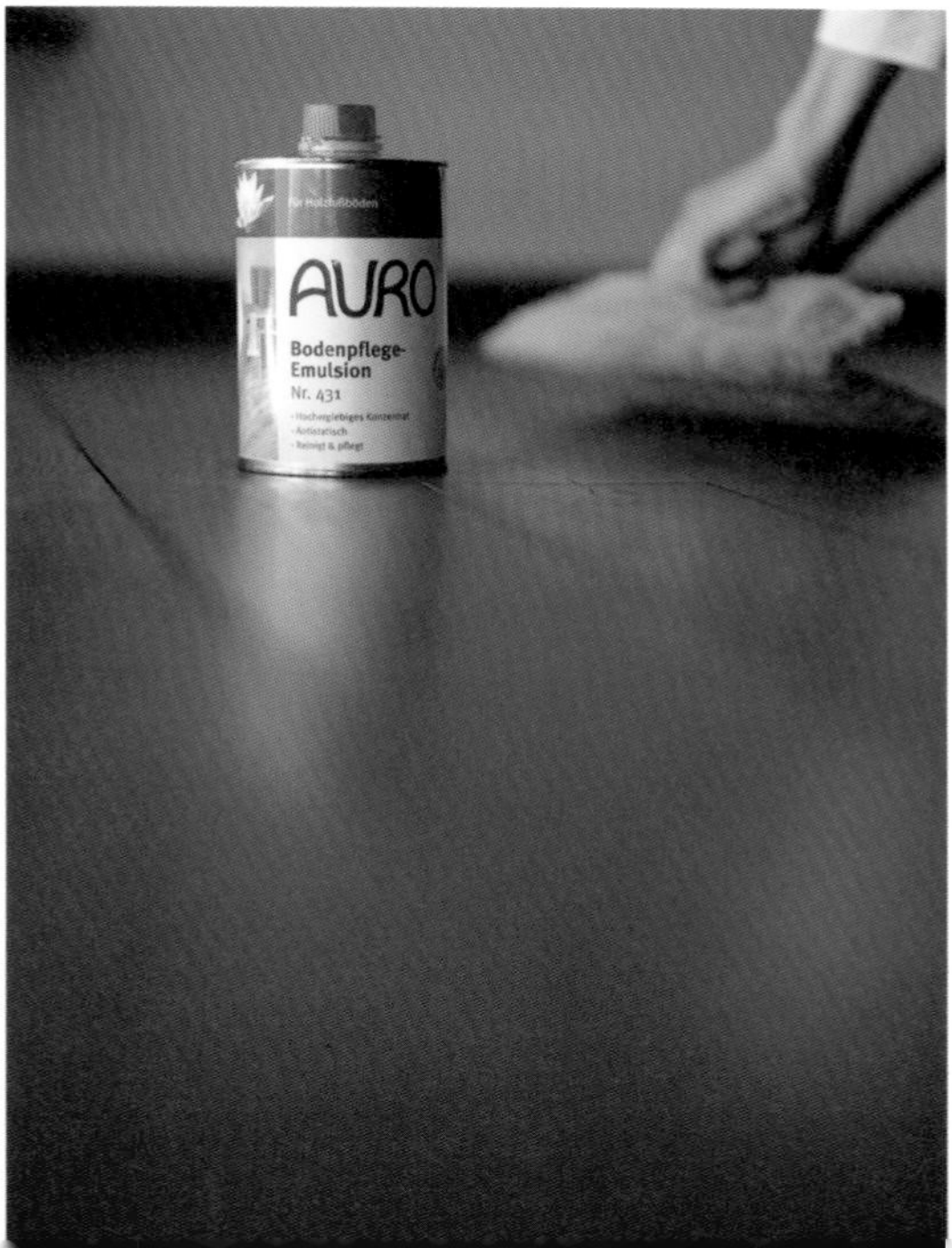

川口佳子さんの青の絵

吸い込まれるほど深遠な青

今ではリビングのシンボル的存在として、訪れた人たちが見入ってくれる、大きな青い絵。

画家の川口佳子さんの作品で、地元で仲良くしている本屋さん、スモークブックスが2019年の春に開催した展覧会でひと目惚れした。

川口佳子さんは1927年生まれ。学生時代を中国・大連で過ごし、終戦後に帰国すると、女子美術大学で学び、中学校の美術教師を務めながら、ずっと青の抽象画を描き続けたという。絵を購入した時点ではご存命だったが、それから数年後に亡くなられたそうだ。

スモークブックスさんは、高齢となって施設に入ることを決めた川口さんから蔵書整理を依頼され、自宅へ赴くと、本よりも、大量の青の絵画作品に圧倒されたという。その絵もすべて処分しようとしていると聞いて、慌てて管理と販売を申し出たそうだ。そんなストーリーとともに見せてもらった作品群は、すべて青の絵なのだけど、1点1点、大きさも色合いもモチーフも異なっていた。

なにより魅了されたのは、青の色の深み。これは大連の空や湖からインスパイアされたものだと、たしか展示の資料に書いてあったように思う。

50年以上も青の絵を描き続けるなかで、年代によって、トーンやモチーフが変化しているのも興味深かった。この大判の絵は、川口さんが何歳ごろの作品なのだろう。わたしが購入した最初の展示販売会

では、値付けがかなりお手頃だったので、サイズや形を変えながら4点購入した。

絵の裏に年代が記されているものもあるが、この作品を裏返しても、住所と名前しか書かれていない。50代で描いたとわかっている作品とはずいぶん違うので、それより若い時期なのか、あるいはもう少し後期の作品なのか。

いずれにせよ、この絵をじっと眺めていると、わたしにはなぜか「アイデア」という言葉が浮かんでくるのだ。

人によって、または時間帯によって、鳥にも船にも見えるモチーフが、わたしには、頭の中から次々と新たな発想が湧いてくるイメージのように映る。青一色の世界に吸い込まれていく先に、さらに別の世界が広がっているかのように。

もう5年も毎日眺めているのに、全然飽きない。不思議で、どこまでも魅力的な絵だ。

夫のイラスト作品

力みをほどくローファイな黒の線

写真立て（↓P. 57）を並べたカウンターの上の壁は、夫のイラスト作品を飾るコーナー。

リノベーション設計の時点からそれを想定して、建築家の渡辺さんが、この壁の内部にベニヤを仕込んで釘を直接打ち込めるようにしてくれた。

並べているのは、個展やブログ用に描いた作品から、わたしが気に入ってピックアップしたもの。楽しげにおしゃべりする人物、おもちゃ、小屋、レコードなど、夫が心惹かれた対象を、その目と手を使って自由に描いた作品。

夫は「人が好き」な人で、コミュニケーション能力の高さにおいて、わたしの何倍も長けているのは、誰もが認めるところ。だから、オーダーを受けて、家族や記念日のイラストを描く仕事も大好きだと言い、依頼主からも毎回喜ばれている。

人を見つめる目があったかい、というと、なんだか陳腐に聞こえてしまうけれど、どんな人も面白いし、自分は仲良くなれると、根っから信じている。その楽天的な強さと寛大さが、夫の絵にはあるように思う。

そんな絵をいろんな額に入れて並べたこのコーナーは、リビング全体を俯瞰したときに、ファッションのコーディネートでいうところの「ハズし」や「抜け」の役目をしている。

もし、ここにもっと洗練された、いかにもアーティスティックな雰囲気の作品を飾ったとしたら、空間はより研ぎ澄まされた印象になるかもしれない。

BOOKS

でも、夫というパートナーと暮らすなかで、わたしの美意識や価値観の置きどころは、それがスタイリッシュかどうかより、人間的な味わいや温かみがちゃんと宿っているかどうかに変化してきた。

この壁に並べている絵はどれも、いい具合のローファイ感を醸し出していて、わたし自身の好みに合っている。

夫は今、ペンの線画から、筆と墨を使った水墨画に興味がうつっていて、自分でも納得のいく作品が描けたら、少しずつここに加えていきたいのだという。もちろんわたしも賛成で、絵を掛け替えるたびに、このコーナーの雰囲気にも変化が生じるだろう。でもおそらく、水墨画であっても、夫の描く線はなんだか楽しげで、見ていると肩の力がふっとほどけるものには違いないのだ。

仕事でも家事でもなんでも、つい力んでがんばりがちなわたしには、たぶん夫の描く線の力が、必要なのだ。夫婦はこうして、いろんなかたちで補い合っている。

カウンターの薄型収納

食器収納の方は、取り皿や菓子皿などの小皿、湯呑み、花瓶、グラス類をしまっていて、料理を食卓に並べた後に取り出す器だから、キッチンに面してなくてもいい。

食器棚といってもラワン材の引き戸を閉めれば中身は見えない。そのため、食器とCDが隣り合わせに並んでいても、まったく気にならない。

これまで、薄型収納と謳われる家具を使ったことがなく、その便利さや魅力が実感としてわからなかったのだけど、これを造作してもらったら、「なるほど、薄いから使いやすいとはこういうことなのか」とはじめて腑に落ちた。

人は、ちょっとでも取り出しにくいものは、だんだん使わなくなっていく。だから、一見その収容力が魅力的に思えたとしても、モノを奥から手前に層

薄いからこその使いやすさ

ダイニングとキッチンを仕切る壁面のカウンター収納は、設計時にしまうものを先に決めて、それに合わせた寸法になっている。

4枚扉が並んでいるうち、左2つは食器、右2つはCD棚としていて、どちらも薄いからこその使いやすさを実感している。

にしながらしまっていくと、奥のモノが死蔵するのは必然なのだ。

モノのしまい方は、理想は1列だけど、まぁ2列くらいまでなら、並べ方を工夫すれば、奥のモノも無理なく取り出せて、まんべんなく使える。

それでも気に入ったうつわに出会うたびに買い足していると、すぐに収納内部は混み合ってくる。ちょっとでも取り出しにくさを感じたら、その度に精査して、いくつか手放す。この定期点検がとても大切で、「持つ量としまうスペースの適正なバランス」をキープしておくことが、収納の使いやすさと見た目の秩序、それぞれのうつわの活用度につながってくる。

そのことに気づいてから、この収納内部はつねにアップデートを繰り返している。

うつわも服と一緒で、使う側の気分や好みに変化が起きたり、単純に飽きて、新しいものに目移りしたりするのは自然なことなのだ。

だから、そんなときは思いを込めてメルカリに出品して、次の使い手に引き継げばいい。うつわだって、使われてこそしあわせなはずだ。そういう目で中身をチェックして、新陳代謝を繰り返すのに、この薄い収納はとてもいい。

リビング西側の窓

薄暗い室内から光と風を見つめる

リビングダイニングのリノベーションにおいて、空間の居住性を上げる効果がとくに大きかったのは、西側の壁に窓を設置したことだろう。

以前、ここには床の間と収納が並んでいて、当然窓はなく、薄暗くて閉塞感のある和室だった。

縁側や軒がある日本の家は、室内の奥までは日が届きにくい。それゆえ夏は涼しいけれど、側面に窓があると、薄暗い室内にも光と風が回る。窓の重要性をあらためて学んだ。

この窓の外には緑の葉が揺れていてほしいと、設計段階からイメージしていて、ここ10年はずっとシマトネリコの鉢を置いている。うっかり水やりの回数が減ったり、日が当たりすぎたりすると、葉っぱが茶色くなり、見るも悲しい姿になる。そんなときは一度枝を全部切り、水と肥料を与えながら、新しい葉が出てくるのを待つ。しばらくすると、新芽がちゃんと出てきて、ホッと胸をなでおろす。植物ってえらいなぁ、と毎回感動し、復活してくれてありがとうと、心から感謝する。

この窓から、小さな葉っぱが、蝋燭の炎のようにチロチロと揺れる姿が、風の存在を感じさせてくれる。どこへも出かけず家にこもって、家事と仕事であっという間に過ぎていく日でも、窓のすぐ外には緑があること。その葉が気持ちよさそうに揺れていることが、わたしの気持ちを解放する。そして、家で過ごす一日が、それなりに素敵なもののように思えるのだ。

クリスマスのオーナメント

毎年少しずつ買い足す楽しみ

わが家のクリスマスツリーは、娘が生まれた年に渋谷の東急ハンズで買った組み立て式のタイプで、高さは約１８０cm。横に枝が広がりすぎないスリム型だから、リビングの隅にも飾りやすい。

ただ15年も使っていると、ちょっと触れるだけでフェイクの葉っぱがパラパラと落ちる。11月に組み立てるときと、クリスマスが終わってツリーを片づけるときは、下にピクニックシートを敷いて作業するのがおきまりとなっている。

クリスマスツリーには、わりと思い入れがあるほうだ。

娘が生まれたばかりのころ、ターシャ・テューダーに憧れて本を読んだり、ＤＶＤを見たりして、衣食住を自分の手でつくり上げていく豊かな暮らしに影響を受けた。

テューダー家のクリスマスといえば、気合が入った家族総出のイベントとして、テレビで特集番組が制作されたり、一冊の本にもなっているほど。触発されて、大人も子どもも高揚するような飾りつけをわたしなりに試行錯誤してきた。

ツリーの飾りつけには時間がかかる。おまけにリビングに置いた1ヶ月ほどはそうじもしにくいとあって、取りかかる前は、どうしても億劫な気持ちになるのは毎年恒例のこと。

でも、いざ腰を上げて作業をはじめてみれば、リビングで家族が一つのことに取り組む、そのおだやかな時間はかけがえないものだと思えてくる。

15年もツリーを飾っていると、オーナメントは飽

和状態で、でも、新入りがまったくいないのもつまらないから、近年は、これはというものだけ1、2個ずつ買い足し、新陳代謝をしている。

とくに銀座の教文館の「ハウス・オブ・クリスマス」の品揃えが好きで、毎年クリスマスが近づくと、夫と出かけていき、その年のオーナメントを探す。

そういえば、娘がまだ小学校に上がる前に何度か行った海外旅行も、秋や冬に行くことが多かったせいで、現地のデパートのおもちゃ売り場でクリスマスオーナメントを物色し、おみやげに買ってきた。飾りつけをするたびに、そのときの旅の記憶が蘇ってきて、いっそうしあわせな気分になる。

仕切り扉

北向きのキッチンに緑の景色を取り入れる

新婚時代に暮らした世田谷の一軒家に、キッチンとダイニングを仕切る木製のルーバーの引き戸があって、とても気に入っていた。

普段は戸を開けておき、料理をカウンターごしにテーブルに置いたり、空いたお皿をキッチンに運んだり。戸を閉めると、ダイニングテーブルからキッチンが見えなくなるから、パソコンを置けば仕事モードになれるし、来客もそこに座ってもらって、落ち着いてお茶を飲むことができた。

そんなわけで、この家にもぜひ欲しいと、前川國男邸にもある小さな配膳口の写真を参考に見せながら、建築家の渡辺さんに設計してもらった。

実際には、この窓越しにお皿を受け渡すようなことはほとんどしないのだけど、それでも、やっぱりつくってよかった、と心から思う。

とくに感じるのは、ダイニング側にいるときより、キッチンに立っているとき。水回りが北側にまとまっている昔ながらの日本の家だから、キッチンも北に向いていて、ダイニングやリビングに背を向けるかっこうで作業することになる。

今ではすっかり慣れたけど、見方によっては料理や片づけをする姿に孤独や疎外感が漂いがちで、でも、この扉が閉まっているか開いているかで、気分はだいぶ変わってくる。

扉を開き、四角い枠越しにダイニングから縁側、その向こうにある庭の緑へ視界が抜けると、同時に風も心地よくめぐる感じがして、薄暗いキッチンに立っている時間が、なんとなく豊かなものに思えてくる。

逆に、リビングでヨガをしたり、ダイニングで来客に座ってもらうときは、この扉を閉めることで、キッチンの生活感を遮断できる。

すごく目立つ扉ではないし、その存在に誰もが注目するような場所ではないのだけど、実はこれがあるかないかで、暮らしの快適度はけっこう違ってくると、ひそかに思っている。

家トレの継続を支える、よい道具選び

健康づくりを兼ねた趣味として、20年近くマイペースに続けてきたヨガ。

50代に入って一から学び直し、ＲＹＴ２００という国際ヨガインストラクター資格の講座をオンラインで受講して、無事に取得しました。30代や40代の頃より、筋肉と体力をアップさせることができたし、見た目にも引き締まったといわれます。

もっとポーズがきれいにとれるようになりたい、もっと集中力を高めてヨガをしたい、という意欲が高まるにつれて、ウェアや道具選びも重視するようになりました。

以前は、ピタピタのレギンスも、ノースリーブのトップスも、モデルやアスリートなど肉体のプロが着るべきもので、自分とは無関係のアイテムだと思っていました。けれど、本気でヨガに取り組むなら、見た目なんて気にせず、純粋に機能を追求したウェアとして着たほうがいいのだと、意識が変わったのです。

昨日より1ミリでも腕を伸ばすには、股関節の可動域を広げるには、身につけていることを忘れられるウェアを着ているほうがいい。

体型をゆったりカバーするウェアは、ポーズによってはめくれて気が散るし、手足や関節の伸び方もチェックできません。

自分の現状としっかり向き合うなら、なるべくピッタリした服で練習するのが、結局は近道なのです。

その意識を持って買い揃えたのは、ルルレモンのヨガウェア。

実はヨガをはじめたばかりの頃にもはりきって買った記憶があるけれど、当時はヨガブームに乗ってブランドが日本に上陸したばかりで、話題性に飛びついただけでした。

今は、とくに「アライン」というシリーズの、はいていることを忘れさせてくれるほど薄手でよく伸びるレギンスが気に入っていて、色や長さでバリエーションを揃えながら、毎日はいています。

ヨガの道具で、もう1つ惚れ込んでいるのが、マンドゥカのマット。わたしが選んだのは「プロライト5㎜」という製品で、ゴムのグリップ力が強く、手足が滑りにくいので、難しいポーズも安全に練習できます。よい道具を使うと上達が早いことを実感し、もっと早く使えばよかったと悔やまれるほど。

運動の習慣化は結局、いかに自分で自分をのせられるかに尽きます。

よい道具はわかりやすくモチベーションを上げてくれるし、モチベーション高くトレーニングに取り組めば、得られる効果も変わってくる。

だから体づくりをするときは、自分のテンションを引き上げてくれるアイテムを、早い段階で導入するのがいい。2つのヨガブランドを愛用してみて学んだことです。

キッチン

KITCHEN

鈴木盛久工房の鉄瓶

一日のはじまりに体が渇望するもの

この鉄瓶は、結婚祝いに大学時代の友人たちが贈ってくれた。

「長く使えるものを贈りたいから、『これがいい』っていう品をリクエストしていいよ」と言ってくれて、ちょうど一生物の鉄瓶が欲しいと思っていたから、「じゃありがたく、ここのこれ」と指定したのだった。

モノにこだわりのある大人として、お祝いの贈り合いに必ずしもサプライズは必要なく、こうした合理性は大いに結構、とわたしは思っている。

指定したのは、盛岡の鈴木盛久工房の柚子形鉄瓶。その名の通り、形も鋳肌も柚子を想起させる。贈られて16年以上が経つが、今も工房では同じものを生産しているようで、ウェブサイトで商品説明をあらためて読んでみると、ふたのつまみが柚子のヘタを模したものだとはじめて知った。

いかにも昔ながらの鉄瓶、という佇まいの「あられ」のデザインではなく、柚子の皮のようにかすかにざらりとした肌合いが、さりげなくモダンで気に入っている。

鉄瓶を使った経験はそれまでなかったものの、よく言われるような「使用前の〝ならし〟がむずかしい」というのはとくに感じなかった。けれど、使いはじめて11年が経過したタイミングで、一度修理に出したことがある。

コンロに置いたまま料理をしたら油がはねてしまい、慌てていつものクセでセスキソーダ水をスプレーして拭いたら、その部分が白くなってしまった。

SUZUKI MORIHISA STUDIO < Yuzugata Tetsubin >

使っているうちになじむかと思っていたら、1年経っても白っぽさが目立つままなので、メールで工房に問い合わせると、とても丁寧に対応していただいた。

画像を送って修理方法を相談し、表面全体に漆を塗り直してもらう「着色直し」という修理をお願いすることになった。鉄瓶が盛岡と千葉を往復する送料を含めても1万円以内で済んだ記憶がある。

その修理からもさらに5、6年が経ち、相変わらずわたしの一日は、この鉄瓶でお湯を沸かすことからはじまる。……と言ったり書いたりすると、「ていねいな暮らしですねぇ」などと反応をいただくこともあるけれど、わたしはただ、この鉄瓶で沸かしたまろやかなお湯を飲むのが好きなのだ。

もし白湯に対して、味気ないとか、ストイックだといった印象を持つのだとしたら、それはまだおいしい白湯を飲んでいないのかもしれない。

起きぬけの体に、鉄瓶で沸かした白湯が流れ込み、じんわりと沁みわたる気持ちよさといったら、コーヒーよりお茶よりスープより、まずはこれを飲ませてほしい、と渇望するほどなのだから。

約1ℓのお湯を保温ポットに移したら、軽く火にかけて底の水分を飛ばし、油がはねないように、コンロから離れた場所に移動させる。

今では何も考えずに行っている一連の動作のなかで、きっと目も、手も、この柚子の形と手触りから喜びをもらっている。そんな朝を、この先も繰り返していくのだろう。

釜定のワンハンドパン

ただ焼くだけ、がごちそうになる

現在使っているフライパンは、娘のために1個だけテフロン加工の卵焼き用を残してある以外は、3つとも鉄製。そのうちの1つ、この釜定のワンハンドパンは、主に朝食用として、目玉焼きや付け合わせの野菜を焼く目的で導入した。

南部鉄器なので重く、持ち手まで熱くなるけれど、基本的にコンロに置いたまま使うから問題なし。これで焼くと、表面カリッ、内側はジュワッ、と焼き上がって、なんでもおいしくなることに、使いはじめてしばらくは、毎日感動していた。

とくに好きなのは、根菜のじっくり焼き。鍋底にオリーブオイルを引いたら、適当に切ったれんこんやかぶをぎっしり並べて、表面にこんがりと焼き色をつけながら中火で焼くだけ。仕上げに好きな塩やレモンを振るだけで、これ以上のごちそうがあるだろうか、と思えるほどおいしくなる。

じっくり焼きと名づけただけあって、時間はかかるから、他の作業と並行しながら、ちょいちょいトングで野菜の様子を見つつ、となる。

根菜がおいしい秋や冬、菜の花やブロッコリーが出回りはじめた春先に、このワンハンドパンで野菜をのんびり焼いていると、旬の食材をシンプルに調理して食べるしあわせを感じる。

調理後は、油をウェスで拭きとり、洗剤は使わずにお湯とスポンジで洗って、軽く空焚き。コンロの上で熱が冷めるのを待つ間も、この真っ黒なフライパンの媚びないカッコよさに惚れ惚れしている。

コンテのまかないボウル

以来、鋳物の栓抜き、和紙の照明と花瓶などを直接卸していただき、ブログ読者の方を対象とした通販を何年か続けるなかで、小野さんが手がけた新しいお仕事として、コンテシリーズの製品をご紹介いただいたのだった。

「まかない」とは「賄い」と「巻かない」の2つを示す。ステンレスのボウルといえば、縁を外側に巻き込んで処理しているものが多く、どうしてもそこに水分が残って乾きにくいもの。

そのストレスを鮮やかに解消してみせたのがこの製品で、使ってみると、縁が巻かれていないだけで、こんなにも気分はスッキリサッパリするものなのかと感動する。

見た目にはシュッとスマートなのに、意外と容量があって、小さいサイズでも卵5、6個まで溢れずかき混ぜられる。

下ごしらえから後片づけまでスマートに

小さいサイズは卵を溶く用。中くらいのサイズは、ラペや和え物に。大きいサイズは、焼き菓子の生地を混ぜるのにちょうどいい。

コンテのステンレスボウル「まかないボウル」を手にしない日はなくて、かれこれ7年以上は使っているだろうか。どれだけ探しても、惜しいと思う点すら見つからない。これってすごいことだ。

「まかないボウル」のプロダクトデザインを手がけた小野里奈さんとのお付き合いは、振り返れば10年以上になる。小野さんがデザインする製品がどれもこれも素敵で、わたしのウェブサイトで販売をさせてほしい、とメールでコンタクトをとったのが最初だった。

に溶くことができる。応量器のようにぴたりとスタッキングできるのも気持ちよくて、小さなキッチンで調理道具をしぼりこみたいときも、とりあえずボウルはこれをサイズ違いで揃えれば十分なはず。横から見ると逆三角形をしているのに、不思議と安定感があり、つや消しのマット感もクールな印象。見た目も使い心地も気分を上げてくれて、下ごしらえが楽しい。

やっぱりわたしは、小野さんがデザインするプロダクトが大好きなのだ。

サタルニア・チボリのオーバルプレート

汎用性の手本のような楕円皿

娘が家を出て暮らすときは、このうつわを買って持たせてあげたいと思う。

幼いころから慣れ親しんだうつわだし、一品料理からスタートする生活には便利だろうから。

朝食、昼食、夕食、おやつ。何をのせても正解にしてしまう汎用性の高さは、もはや感動的。

最初に出会ったのは、カフェでサンドイッチがのって運ばれてきたとき。サイズ感、厚み、業務用なのにあたたかみもあって、当時は作家もののうつわを買い集めていたのに、「これは欲しい」とすぐに裏の印刷をチェック。通販で探すと1枚2千円もしないことに驚き、家族の人数分、3枚を買った。数ヶ月後、さらに3枚を来客分として買い足し、計6枚持っているけれど、全然邪魔に感じない。

サイズのバリエーションがあるなかで、うちで愛用しているのは23cm。この大きさが絶妙で、チャーハンも焼きそばも、これに盛りつけるとボリューム感があるように見えて、実際の量のわりに視覚的な満足感があり、何よりおいしそうなのだ。

娘が中学生になってから、休日は自分で朝ごはんを用意するルールにした。寝坊して起きてきたら、まずトレー（↓P.134）にこのうつわを置き、冷蔵庫を開けてフルーツやパン、おかずの残り物を探しはじめる。白い紙に絵を描くように、ポン、ポン、ポン、とのせたら、「おいしそー」とつぶやきながら、テーブルに運んで食べはじめる。

いつか、この家ではないどこかの部屋で、彼女はこのうつわでごはんを食べているのだろう。

Saturnia < Tivoli Oval Plate Φ230mm >

ワークショップのお茶菓子セット

実用的で、風景としても美しいこと

自宅でワークショップを開催する日は、締めくくりとして、参加者のみなさんが縁側で横一列に並び、庭を眺めながら、お茶とお菓子で和む時間を用意する。

スペースの都合上、縁側に並べる椅子は、最大8つまで。だから、ワークショップの定員も8人が基本。そしてお茶菓子のうつわのセットも、8組揃えてある。

トレーは、KINTOのプレイスマットの横幅27cmのタイプが、サイズも軽さも薄さも理想的で、黒をチョイスした。

温かい飲み物には、食器棚にある湯呑みやティーカップを総動員して使い、冷たい飲み物用のグラスは、ボルミオリ・ロッコのボデガの220ccサイズを使う。

お皿は、ワークショップをはじめたばかりのころは、似たサイズのうつわを集めて使っていた。見た目には問題なく、むしろ人によって違うお皿がトレーにのっているのは楽しげでもあったけれど、準備や片づけの効率面から、やはり揃えたほうがラクだと思い、SAKUZANのプレートを揃えた。

直径14cmのシンプルな小皿で、トレーの中のおさまりもいい。1枚あたりのお値段も千円ちょっととお手頃で、色味のニュアンスもよく、重厚な作家ものと無個性な量産品のちょうど中間にあるうつわ、という感じ。毎日のお茶休憩でお菓子をのせるのにも、つい手が伸びるから、やっぱり使いやすいのだと思う。

フォークは柳宗理のヒメフォーク、コースターは「こぎん刺し petit＋（プチプラス）」というウェブショップでオーダーしたもの。こちらのこぎん刺し作品を制作・販売している作家さんは、わたしのVoicyのリスナーさんで、ワークショップに参加してくださったこともある。だからこのコースターも、用途を伝えたうえで直接デザインの相談をさせてもらった。

ワークショップを開催するたびに、コースターが写り込んだ縁側の写真を参加者さんがインスタグラムに投稿してくださるので、「こんな風に使っています」という報告にもなっている。

ワークショップの日は、準備も片づけもスピード勝負。だから高価なものはなく、丈夫で気軽に使えるものばかり。でも決して、そうした現実的な条件だけで選んだのではないことが、純粋にお茶菓子の風景としての美しさから伝わると思っている。

コーヒーマグ

ごほうび時間に求める条件

朝から取りかかった仕事が一段落するお昼前、縁側でコーヒーブレイクをとるのを日課にしている。

深煎りのコーヒーをブラックで飲みつつ、自分で焼いた、またはいただいた焼き菓子をつまむのが、一日を通していちばんのごほうび時間。

夫婦になって17年間くり返されてきたルーティンだから、コーヒーを飲むマグも歴代あり、新婚旅行のサンフランシスコで買ったバークレー大学のマグ、ハワイのドライブインで買ったぶ厚くて重たいマグ、通りがかりの店でふと目が合ったもの、好きな陶芸家さんの個展で買ったものなど、いくつか変遷を辿ってきた。そのなかで、我々夫婦がマグカップに求める条件が意外とむずかしいことが、だんだんわかってきたのである。

まず容量。300㎖は欲しい。平均的なカップ&ソーサーのカップの容量は200㎖未満だけど、それでは全然足りない。わたしたちはガツンと濃いコーヒーを並々と注いで飲みたいのだ。

次に厚み。毎日使って洗うから、薄くて繊細なのは気を遣うし、かといって厚すぎると重くて、いくら丈夫でもなんとなく情緒に欠ける。

他にも、ブラックコーヒーを注いでおいしそうに見える色や質感か、手になじむ形状かどうかも大事。

ここ1年ほど愛用しているマグは、narumiyashiroのもので、鎌倉の雑貨店STOVEによる別注品。narumiyashiroのマグをはじめて手にしたのは、表参道のGYRE地下のカフェの什器で、温かみとクールさが同居する佇まいと持ちやすさにひと目惚れした。

すぐに作家さんのインスタをフォローし、卸先や個展情報をチェックしていたところ、ＳＴＯＶＥでの入荷情報が流れてきて、即購入。定番モデルより容量があり、形、色味ともに気に入っている。

ところが少し前に微かではあるものの、欠けを発見してしまった。金継ぎしたいのだけど、その期間に使えないことが切なくて、なかなか実行できずにいる。

ティーポット

お客さまの日に舞台に上がる役者たち

おもてなしの日にお茶を出すとき、テーブルに登場するティーポット。

いま食器棚にあるのは3つで、一番大きいストライプ柄は、イギリスのミッドウィンター社製。もう20年以上前にヴィンテージで買ったもので、1960〜70年ごろ生産された「クイーンズベリー」というシリーズ。かなり大容量で、4、5人分のお茶が一度に入れられる。

30歳前後に買い集めたヨーロッパのヴィンテージ食器は、家族が増えるにつれて整理し、手元に残ったのは、このポットとケーキ皿が数枚だけだ。

ベージュの円筒形タイプはHASAMI。2、3人分がちょうど注げる500㎖という容量とシンプルな形状。洗いやすく乾きやすく、気負わず使えるから、出番は一番多いかもしれない。

ダークブラウンのポットは小野象平さんの作品。出かけた先で偶然、小野さんの個展が開催されていて、ひと目惚れした。ちょうど大きな仕事を終えたタイミングで、一緒にいた夫が「お疲れさまのごほうび」と言って買ってくれた。

日本茶用の急須は別にあるから、これらは主に紅茶用。基本的には来客時に使うせいで、自然に取り扱いもていねいなのだろう。特別な日しか着ない服のように、長く愛用しているわりにはカケもない。

こうして同じ用途のものを数種類並べてみると、あらためて自分の好みが客観視できる。

どうやらわたしは、ティーポットに関しては、茶色でどっしり、が好きらしい。

Shohei Ono / Midwinter / HASAMI < Tea Pot >

ケーキスタンド

なくても困らないけど、あると盛り上がる

かさばるし、用途が限定されていて、日常的に使うものではない。でも、いざ出番のときは、これがあると一気に場が華やぐ。盛り上がる。おそらくケーキスタンドって、そういうものだ。

その手の道具を持つか持たないかは、価値観やポリシーによって分かれるところだろう。といいつつ、わたしは大したポリシーもなく、2個持っている。

白い磁器は、料理家さんのフリーマーケットで譲っていただいたもの。小さな欠けがあったので、自分で金継ぎした。でも、まだ金継ぎ初心者のころに見よう見まねでやったものだから、あまりきれいじゃないし、今ならもう少し上手にできる気がする。このお皿を使うたびに毎回同じことを思うから、いつかやり直さないと。

木製のケーキスタンドは、プロダクトデザイナーの小野里奈さん（→P.114）が贈ってくださったもの。もちろん小野さんのデザインで、木工メーカーの高橋工芸の商品だ。

木のタイプは、普段からしまいこまずに、キッチンのカウンターに置いて、フルーツを盛ったカゴを上にのせている。

実はディスプレイはあまり得意じゃないのだけど、高低差をつけて並べるだけで、なんとなく絵になりやすいことを、このケーキスタンドを通して学んだ。

出番以外は裏方として働いてもらう。しまう場所に困るものは、そういう視点で役割を与えてみると、意外な実力を発揮してくれることもある。

プラスドゥのガス台

五徳に惹かれて2代目が活躍中

引っ越し前のリノベーション計画で、実は一番気合が入ったのは、キッチンだったかもしれない。

夫婦ともに料理が好きで、思い入れの強い場所だし、リビングや他の空間は、イメージを伝えた先は建築家や工務店さんに委ねるしかなかった。でもキッチンは、メーカーも製品も、自らショールームに足を運んでゼロから選べたから、はりきった。

とはいえ予算は少なく、新築のようにアイランド型にするとか、キッチンが主役のオープンなレイアウトに、といった壮大なプランは描けず、システムキッチンを新しくするのがせいぜいだった。それでも、具体的な設備を選ぶのは胸が躍った。

パンやお菓子を焼くためのガスオーブンと、3つ口以上のガスコンロを条件に探し、選んだのは料理家のパトリス・ジュリアンさんがプロデュースしたプラスドゥ。五徳のデザインが最大の魅力だ。

業務用のようにガシッと堅牢な五徳は、重い鍋を隣のコンロにスライドさせたり、火から下ろして端に寄せておいて冷ます、なんてこともしやすい。

10年が過ぎると着火しにくくなり、まる12年で寿命を迎えたけれど、結局同じ製品で新調した。

こうして、「使いきってまた同じ製品を買い直す」という行為に、わたしがとても満足感を覚えるのは、かつてのモノ選びが間違っていなかった、という証明書をもらった気分になるからだ。

もちろん、今はもっといいものがあるのかもと、別の候補を探すことはする。その結果、同じところに戻ってくることが、たまらなくうれしい。

イワノのおひつ

現代と昔の機能をハイブリッドで享受する

おひつという道具との付き合いがはじまったのは、たしか30代前半、まだ一人暮らしのころ。

当時は、ごはんを毎日規則正しく家で食べるような生活ではなかったけれど、ライフスタイル系雑誌のていねいな暮らしブームに感化されて、炊飯器は捨て、土鍋でごはんを炊くようになった。

ちなみにその土鍋は、長谷園の「かまどさん」という商品で、たぶん2合炊きサイズだったように思う。

火加減もむずかしくなく、炊き上がりもおいしいので、結婚し、出産して、途中で5合サイズの大きなものに買い替えたくらい気に入っていた。

土鍋は保温機能がないため、おひつの必要性を感じて、しばらくは杉のものを使っていた。

雑誌の取材でお会いした、日用品の目利きの人のおすすめ品を真似して購入したものの、自然なこととはいえ木の黒ずみがどうしても気になってしまい、買い替えることにした。

こういうときの決断は潔くて、モノ自体の評判云々より、自分が気持ちよく使えるかどうかがすべて。他人に見せるために暮らしを営んでいるわけではないから、どんなに高価なものでも、自ら使いこなせなければ価値はないと思っている。

新たなおひつは、なるべくシンプルなデザインの、使い勝手がよさそうものをネットで探し、お試しのつもりで「イワノ」というメーカーの陶器製を買ってみたら、大正解だった。以来、愛用歴はもう10年ほどになるだろうか。

炊き立てのごはんをまずこちらに移すと、勝手に水分を調整してくれて、ごはんがもっちりとおいしくなる。おにぎりにして入れておくのもいい。

さらに助かるのは、電子レンジで温め直しができること。

意外がられることもあるけど、わが家は今のところ電子レンジを普通に使っていて、竹のせいろは持っていない。子育てに忙しい日々のごはんづくりにレンチンの手軽さはありがたいし、せいろは、かつてカビさせてしまった経験から、ちょっと敬遠している。

そもそも炊飯の方法自体、15年近くも土鍋生活だったのに、バーミキュラのライスポットという名品と出会ったことで、これまたあっさりと宗旨替えしていることからも、既存のかたちには執着しない性格がわかっていただけると思う。

おひつなのに電子レンジでの温め直しが想定されているこのプロダクトは、現代と昔ながらの機能をハイブリッドで取り入れているところに、価値観として似たものを感じる。

よくいえば柔軟、または、さしてこだわりが強くなく、合理的な身にとって、気負わず自然体で付き合える相手だ。

ステムの短いワイングラス

ノンアル派でも気分よくなれる

大好きだったお酒を50歳を機にやめ、ノンアル生活になって約2年。

時間、健康、金銭面においても、いいことだらけだと感じている。

何の未練も寂しさもなく、あっさりお酒をやめたことを驚かれるけれど、それは「飲まなくても気分よくなれる」と早い段階で知ったからだと思う。

そう、もとはといえばお酒を飲む目的は、気分よくなるためだった。そのためにはアルコールが不可欠と思い込んでいたけれど、年令とともに、翌朝は気分がよくないことを引き受けなくてはいけなくなってきた。

でも、興味本位でお酒を断ってみれば、気分よくなるために、必ずしもアルコールは必要でないことがわかった。

好きなグラスで、アルコールの入っていないおいしいドリンクを飲めば、お酒を飲んでいる人と同じように気分よくなれるのだ、実際。

だから、今でもワイングラスは食器棚にちゃんと

残してあって、記念日や、ちょっとした打ち上げ気分の食事のときは、それにノンアルワインを注いで飲む。ほんのり気分はよくなって、でも眠くはならず、睡眠も目覚めも良好なんて、なんだか人生得した気分。

ノンアル派になっても出番が減らないグラスは、アルネ・ヤコブセンがＳＡＳロイヤルホテルのためにデザインしたもの。

北欧デザインに強いｗｅｂショップのｓｃｏｐｅがホルムガード社に復刻させたタイミングで購入し、あまりに気に入って来客分も買い足して、８個も持っている。

ステムが長いワイングラスには、やっぱりワインしか注ぐ気にはならないけれど、このグラスは不思議と、ビールもジュースも水も飲んでみたくなるし、どれを注いでも普通のグラスよりちゃんとおいしく感じさせてくれるところが素晴らしい。

飲み物がアルコール入りだろうとノンアルだろうと、それぞれが好きなものを飲み、みんなで気分よくなれる場をつくろうと思ったら、こんなふうに、汎用性に長けたよいグラスを揃えればいいのだ。

飲む人と飲まない人、どちら側も経験したわたしのこの見解は、この先ノンアルコール派の人口がどんどん増えていくであろう時代、当たり前の認識となっていくことを予想している。

カイ・ボイスンのカトラリー

暮らしを支える偉大なる普通さ

普段使いのステンレス製カトラリーは、カイ・ボイスンのグランプリをずっと愛用している。

1951年にミラノで開催された国際コンテストで最優秀賞を受賞し、「グランプリ」はそこに由来しているのだとか。なるほど納得の使い心地とデザインで、仕上げの加工が2種類あるうち、わが家ではマットタイプに統一。この上品にくもった質感も気に入っているポイントだ。

使いはじめたきっかけは、雑貨スタイリストさんが「レディボーデンみたいなアイスクリームを、カイ・ボイスンの大きめのスプーンですくって食べるとおいしいよ」と教えてくれて、やってみたくなったこと。

サイズや用途別に28種類もあるなかで、わが家でよく使うのは、ディナー用のフォークとナイフ、デザートスプーン、ケーキフォーク、ラージティースプーン。

娘は小学生ごろからラージティースプーンがいたくお気に入りで、そぼろ丼や汁かけごはんのようなメニューのときは、レンゲがわりにこのスプーンを自分でわざわざキッチンに取りにいって、「これで食べるのがおいしいの」と満足そうにしている。

一見、目立つ特徴はないのに、他のカトラリーを使うと、これがいかに使いやすいか、少なくとも自分はそう感じているかが、よくわかる。

暮らしの土台を支えるデザインとは、きっとこんなふうに普通で、寡黙で、出しゃばらないものを指すのだろう。

Kay Bojesen < Grand Prix >

無印良品の木製角型トレー

シェアハウス家族の必需品

3人家族になって、今年で16年。子どもが幼いころは、夫婦の晩酌習慣もあり、食事用トレーは使っていなかった。

大小のうつわをテーブルに並べ、家族そろって席に着き、ゆっくりごはんを食べるスタイルに、トレーの出番はない。

ところが、子どもが小学校高学年で塾に通いはじめたあたりから、トレーは、手にしない日はないほど身近な暮らしの道具となった。

わたしと夫は先に夕食を食べ、後から食べる娘の分をトレーにセットしておく。

中学生以降は、部活や寄り道で日によって帰宅時間が変わるようになった娘は、家に帰ってきて制服から部屋着に着替えると、夕食ののったトレーをキッチンからテレビの近くに運んで、リラックスした様子で食べはじめる。わたしたちはその周りをウロウロしながら、今日の出来事を聞き、他愛のない会話をする。

そんなシェアハウスみたいな日常で愛用しているのが、無印良品の木製角型トレー。3枚あるうち、2枚は一番大きな幅約40cmのタイプ、1枚は中くらいの幅約35cmのタイプ。

あえてサイズを変えているのは、朝食や少なめのごはんには中サイズがちょうどいいから。トレーの上にうつわを置いて、余白がありすぎない、ほどよく埋まっている状態にすることが、一人ごはんを寂しい気分にさせないちょっとしたコツ。

使いはじめてみると、トレーの利点はたくさんある。中でも最大と思えるのは、自然に食事のバランスを意識するようになること。

「一人分の食事」という枠が決まり、ごはん茶碗、汁椀、おかず用と副菜のうつわを空の状態でまず置いてみると、献立のイメージが具体的になって、食事の準備がスムーズに、盛りつけも適量になる。

また、夜寝る前に中サイズのトレーの上に、サタルニア・チボリのオーバルプレート（→P.116）やカップ類をあらかじめ置いておくと、翌朝の朝食づくりが楽になる。寝ぼけていても、ここにパン、卵、野菜、スープを盛りつけよう、とゴールがパッと見えるからだ。

テーブルに運んだり下げたりするのも効率的だし、子どもは自分が食べた後片づけをする癖が自然に身についた。テーブルが汚れないところもいい。

トレーの材質が木製だと、視覚的な印象から、ナチュラルで健康的なものを食べているという満足感も上がる。うつわをシンクに移したらふきんで全体を拭き、水に長時間濡らすのを避ける以外は、とくに手入れもしていない。それでも、もう6年ほどきれいに使い続けられている。

もちろん、もっと気分が高揚するような作家さんの木製トレーはあり、いずれ子育てが手を離れ、夫婦二人、または一人、今より気持ちも時間もゆとりを持って食事ができるようになったら、そうしたものを使うのもいいだろう。

でも今は、これがちょうどいい。身の丈に合うとは、こういう感覚を表すのかもしれない。

Muji < Wooden Square Tray >

ヨーグルトメーカー

コスパよく簡単に腸活を続ける

ヨーグルトメーカーで自家製ヨーグルトをつくるようになって、8年が経つ。

いま使っているのは2代目、アイリスオーヤマの製品だけど、この製品というより、ヨーグルトメーカーという家電そのもののおかげで暮らしが快適になったと感じている。

ヨーグルトは夫婦でほぼ毎日、朝食やお昼ごはんに食べるから、スーパーでカップ入り商品を買っていた頃は、頻度も荷物量もけっこう大変だった。

でも家でつくれば、牛乳1パックと、種菌にするドリンクヨーグルトのミニボトル半量で約1000gのヨーグルトができる。料理やお菓子づくりでも使えるし、ゴミも減り、もっちりとしておいしい。

だから家電は最小限に抑えたいと思いつつ、これは最後まで残る道具となっている。

いざ探すとなると、メーカー、機能、価格帯もさまざまだけど、わたしの選ぶ基準はシンプルで、機能や操作が簡単で、牛乳パックごとセットできること。専用の容器に入れ替えるとなると、取り扱いと片づけのハードルが数段上がるので、評判がよくても除外している。

幸い、5千円以下でもちゃんと見つかり、初代も5、6年は使ったので、コスパの面でもヨーグルトメーカー導入のメリットは大きい。そしてこれだけが理由ではないけれど、夫婦ともに腸の悩みは今のところなく、風邪も年1回ひくかひかないか、というほど健康体。今日も飽きもせず、フルーツやナッツをのせておいしくいただいている。

アンカーホッキングのガラスジャー

この容れものが置いてある風景への愛着

米びつは、アンカーホッキングのガラスジャーのLサイズを、もう10年以上使っている。

一人暮らしと新婚時代は、トタンの四角い米びつを使っていたけれど、3人家族になってお米を炊く量も頻度も増えたため、お米5kg分がちょうど入る米びつを探し、これを選んだ。

太りやすい体質で、お米を毎食は食べないわたしに対し、夫は少し食欲が落ちるとすぐ痩せてしまう。だから炊飯と在庫管理は夫の役目で、お米の残量がひと目で確認できるこの容器は彼からも高評価だ。

両手でやっと抱えられるほどの大きさと重さで、ガラス製。しかもフタは密閉できない。特徴だけ挙げれば、現代の暮らしに合った商品とはいえない道具なのに、他に買い替えるでもなく長く使い続けているのは、純粋に、このジャーがつくり出すキッチンの風景が好きなのだと思う。

たとえば、わたしはなぜかアメリカの田舎の家のポーチにロッキングチェアやラタンの家具が置いてある風景に強い憧れがあって、映画でそういうシーンを見ると条件反射的にうっとりするのだが、キッチンにこのジャーが置いてあるのを目にするときの感覚は、それに近い。

道具選びにおいては合理的な視点が外せないと考えている一方で、理屈で語ることができない、「ただなんとなく、これなんだよね」という感覚的な部分も、実は大きいのだ。

VERMICULAR
SONY
スタート
自動メニュー

スリップウェアの皿とガラスのポット

新しい使い方をしてみるという冒険

夫と結婚したばかりのころ、名古屋で開催された船木伸児さんの個展に、亡き義父が一人で出向いて、お皿を購入して送ってくれた。

わたしが彼のうつわのファンであることを、夫が義父に伝え、誕生日に贈る一枚を選んでくるようにと頼んだのだった。

義父は陶芸好きだったけれど、当時は船木さんの存在を知らず、でも、個展でしっかり作家さんとツーショットを撮って、その写真をうつわと一緒に送ってきたことに、さすが、人懐っこいお父さんらしいね、と夫婦で笑い合ったっけ。

ぽってりと厚みのあるやさしい卵色の皿は、青菜の炒め物から、スパニッシュオムレツやカプレーゼといったおつまみまで、見た目以上の包容力がある。

でも、晩酌の習慣がなくなり、各自トレー（→P.134）を使う定食スタイルの食事に移行したら、この皿の出番は減ってしまった。

食器棚で目に入るたび、もっと使いこなせないだろうかとしばらく思案していたのだけど、ある日、いい使い方を見つけた。

それは、ガラスのポットをテーブルに置く際にソーサーがわりにする、というもの。

仕事で伺った料理家さんのお宅で、お茶をいただいた際、分厚い木のお盆に鍋敷き、その上に熱いポットをのせて、テーブルの真ん中にトン、と置かれたとき、なるほど、と思った。

ポットの熱がお盆やテーブルを変色させないように、という工夫だと思うけど、その道具の使い方のなにげなさが素敵で、うちの舩木さんのスリップウェアもこんなふうに使ったらどうだろう、と思いついた。

ブレンドの漢方茶やハーブティーを、ガラスのポットで淹れると、湯の中で茶葉がたゆたう表情も楽しめる。テーブルに置いてあれば、おかわりもすぐ注げる。

中身が冷めてしまったら、ポットをキッチンで温め直して、またテーブルに運んでくる。

ガラスのポットは、直火にかけられるタイプを探し、ネットショップで3千円台で購入したもの。お手頃なわりに使い勝手はよく、とても気に入っている。

こうして、すでにあるものを新しい組み合わせで使うのは、洋服のコーディネートと通ずる楽しさがあって、ワクワクする。単品でも実力派だけど、組み合わせてみると、ソロでは表に出てこなかった意外な魅力が引き出されるという化学反応が起こる。

そして、好きなモノ同士を引き合わせてみれば、やっぱりちゃんと仲良くなってくれることにも、妙に納得したりして。

「これはこういう用途でつくられたもの」とか、「以前はこんなふうに使っていた」といった固定観念にとらわれずに、モノの使い方を、その時々のライフスタイルに合わせて自由に変えていく。

やわらかい頭と心でモノと向き合ってみれば、必ずしも新しい買い物をしなくたって、暮らしに新鮮な風を吹かせることはできるのだ。

ダイヤスプレーボトル

黄色のスプレーはキッチンとお風呂の相棒

雑誌でキッチンの取材を受けたとき、このスプレーボトルがお気に入りと話したら、ライターさんが「スプレーにこだわるなんて考えたこともなかった」と驚いていた。

そんな人はぜひ、このスプレーを使ってみてほしい。ふわっと細かな霧状の液を広範囲に撒けることに、きっと感動するだろう。最初にこの製品を使ったときのわたしが、まさにそうだった。そして使いやすいスプレーは、面倒なそうじを快適にしてくれると知ったのだ。

ダイヤスプレーは、噴霧器専門メーカー、フルプラの製品。ネットの購入履歴を見たら、2016年とある。最初に1本、その2週間後にまったく同じものをもう1本買い足していて、使い心地が気に入って、キッチンとお風呂に1本ずつ置くと方針を決めたことを思い出す。

商品自体は1本千円もしないのに、7年以上使い続けることができていて、今も寿命は迎えていない。購入時は知らなかったけれど、素晴らしい耐久性だ。

キッチンとお風呂に置いたボトルの中身は同じで、どちらもセスキ炭酸ソーダ水が入っている。これは自分でつくっていて、最寄りのドラッグストアで売っている袋入りのセスキ炭酸ソーダを、小さじ1杯程度、漏斗を使ってボトルに入れ、水を500㎖ほど注いだら、よく振って出来上がり。

セスキ炭酸ソーダは油汚れを溶かす効果があるため、キッチンでは、料理の後の鍋やフライパン、お皿に直接スプレーして、ギトギトした汚れをウェスで拭き取る。その後はアクリルスポンジとお湯で洗う、というのがうちの食器洗いで、専用の洗剤は使わない。

お風呂の浴槽も皮脂汚れがほとんどだから、お湯を抜いたらセスキ水を全体にスプレーし、スポンジで擦って流すだけできれいになる。

ときどき、スプレーの出が悪くなって、いよいよ買い替えどきか、と覚悟するのだけど、念のため古い歯ブラシでノズルの穴の部分をそうじしてみると、また復活する。粉末を溶かしているから、どうしても目詰まりが起こるのかもしれない。そんなことを繰り返しているうちに、使用歴7年超え。地味にすごい、とつくづく感心する。

キッチンツールの必需品

シンプルだからこそ多用途で有能

キッチンツールにも、もし劣化したら同じものを買い直す、というお気に入りがある。

まず、無印良品のシリコーンスパチュラとジャムスプーン。あまりに使うので2本ずつ持っている。鍋からお皿によそうときは調理スプーンも大活躍。

昔からお菓子づくりが好きで、必需品のゴムベラは、ずっと白を使っていた。定番で手に入りやすかったからだけど、白いゴムベラは、料理に使うとあっという間に着色してしまう。それを気にする人のために、赤なども売っているけれど、わたしはキッチンツールには色を求めない。基本は白かステンレス、それ以外は黒。そんなわけで、無印良品の黒いヘラはニーズにぴったりで、色だけでなく、握りやすさ、すくいやすさ、洗いやすさ、すべてにおいて満足している。とくにジャムスプーンは、予備の買い置きもしているほど惚れ込んでいる。

ステンレスのツールは、貝印のターナーと、業務用のトング、家事問屋のれんげスプーン。共通点は汎用性の高さで、調理器具でありながら、食卓でも使えるシンプルなデザインが魅力。

れんげスプーンも、味見用として鍋のそばに置いたり、取り分け用に大皿に添えたり、もちろん丼ものを食べるときにも使う。

わたしは持ち物を減らすことを最優先にモノ選びをするミニマリストではない。でも、1つで何役かこなしてくれる道具には、頼もしさとスマートな魅力を感じるし、そういうモノを味方につけると、料理はより楽しくなると感じている。

Tongs / Spoon / Turner / Spatulas

フジカウンタークロス

愛用歴10年、浮気なしの理由

このプロダクトに出会って、長い「台拭き探しの旅」は終わった。

それまでの台拭きに求めていた条件、感じていた不満をすべてクリアした、わたしにとっては理想的ともいえる逸品。

まず、台拭きに求める条件の筆頭に挙げられる、清潔な状態の保ちやすさについて。

速乾性にすぐれたレーヨンの不織布という材質によって、生乾きによる雑菌臭の発生が起こりにくい。子どもの頃から、ふきんの雑菌臭に恐怖ともいえる苦手意識があるため、これだけで相当ありがたい。

使うたびにふきん用石鹸で洗い、よくすすいで絞って、バーに干しておくだけ。すぐにパリパリに乾くから、次に使うときはまた水に濡らして絞って、拭く。一日の最後も石鹸洗いで済ませ、煮沸消毒などはしていないけれど、最低週1回、汚れが気になればその都度新しいものに交換するため、ふきんの汚れを取り除くことに躍起にならなくていい。

次に、サイズと色。35×60cmと大判で、商品のバリエーションとしては、色柄タイプや薄手もあるようだけど、わたしは真っ白の厚手タイプの一択。コンセプトを決めずに色や柄をキッチンに持ち込むと、ただでさえごちゃつきがちな空間がさらに散らかって見えるし、ふきんの汚れが目立つほうが交換時期がわかりやすくていい。

60枚入って約2千円というコスパも最高で、購入履歴を見たら、毎年ほぼ同じ時期に注文している。つまり1年で一箱を使い切っている計算だ。

Fuji < Counter Cloth >

週1枚ペースを基本として、交換前に、レンジフードやシステムキッチンの扉、冷蔵庫、床やゴミ箱まで、とことん汚れるまで拭きそうじをしてから捨てる。その流れが気持ちいい。

天然素材のものを長く使うという視点で、評判のいいふきんを使っていた時期も経て、ここ10年はまったく浮気することなく、台拭きはこれに落ち着いている。そんな話とともに周囲に勧めると、やはり長いふきん探しの旅を続けていた人から、とても感謝される。

FARMER'S MARKET のカレンダー

John Burgoyne < Wall Calendar >

季節を知らせる旬の食材のイラスト

キッチンの壁に貼ったカレンダーは、アメリカのUNIVERSE PUBLISHINGから出ている「FARMER'S MARKET」を、おそらく10年近く使い続けている。

夫がいつもアマゾンで予約購入していて、近年は夏ごろから早々に翌年の分が届く。早めに買っておかないと、値上がりしたり、入手しづらくなったりするのだそうだ。

このカレンダーは、もはやわが家のキッチン風景の一部といっていい。

John Burgoyneというイラストレーターによる、季節に沿った食材の精緻なイラストと、手描きの文字、飾り罫や数字の書体に至るまで、すべてが好みだ。といっても、最初に見つけてきたのも夫で、彼はわたしが気に入らなかったら自分の部屋に貼ろうと思って購入したらしい。もちろんひと目で気に入って、今のところ、これ以外は考えられないと思っているほど。

このカレンダーが心憎いのは、毎月めくるたびに、「そういえば、これがおいしい季節だよね」と食材の旬を思い出させてくれるところ。

たとえば2024年度版は、1月がオレンジ、2月はナッツ、3月はトロピカルフルーツ、4月はチョコレート、5月はチェリー、6月はミニトマト、7月はウリ科の野菜、8月は桃、9月はぶどう、10月は梨、11月はりんご、12月はクリスマス用のパン、といった具合。このラインナップは毎年変わり、2023年は、2月に大根やラディッシュがあったり、4月はビールの原材料、5月は牡蠣、6月はバジル、8月はチーズ、10月はオリーブ、11月はキノコ類が描かれていた。1つの食材でもいろんな種類が載っているのが楽しくて、「FARMER'S MARKET」という名前の通り、海外の市場をうろつきながら季節を味わうような、幸せな気分になる。

書き込む予定は、家族3人の仕事や学校や塾の予定でも、このおいしそうなイラストが「忙しくても、食べることは大事だよ」と釘を刺してくれる。

忙しさについ飲み込まれがちなわたしたちを、キッチンからそっと見守ってくれている存在なのだ。

ヴィンテージのテーブルとアルテックのスツール60

北向きのキッチンも悪くないと思える

わが家の食卓は、朝と夜で場所が変わる。

家族が時間をずらしながら一人ずつ、いずれも短時間で食べる朝食は、キッチンでとるからだ。このテーブルは、新婚時代に住んでいた家でダイニングテーブルとして使っていたもの。イギリスのヴィンテージで、とても気に入っていたけれど、今の住まいのダイニングで使うにはサイズもテイストも微妙に合わない。と思いつつ、引っ越し前に手放す踏ん切りもつかず、置き場も決めないまま運んできたら、中途半端に広いキッチンにあつらえたように収まった。買ってきたものを冷蔵庫にしまう前に置いたり、夫婦でキッチン立つときにサブの調理台になったりするので、まさに適材適所だった。

椅子は、アルテックのスツール60の黒を3つ置いている。食事をするとき以外は台の下に収め、ワークショップのときはリビングに運んで使う。サイドテーブルがわりにもなり、名作と呼ばれるだけあって素晴らしいプロダクトだと思う。

脚まで黒いタイプにしたのは、定番のバーチ材の色味がテーブルの木の色調と合わないからで、部分的に黄色く塗った壁とのコントラストも気に入っている。

古い家特有の水回りの配置によって、北向きのキッチンは一日中薄暗い。でも、こうしたお気に入りの家具を置くことで、ここも案外悪くないな、と思えている。

EKOの分別ごみ箱

分別して捨てる動作がスムーズに

キッチンのごみ箱としてこれまで使ってきたいくつかの商品の中で、間違いなく一番満足度が高い、ＥＫＯのタッチプロビン。

前に使っていたペダル式のごみ箱が壊れ、多少値が張ってもいいから長く使えるものを選ぼう、という気合いで探して、最終候補の中から選んだ。使って5年になるけれど、今のところ不満や残念な点もとりたてて見つからず、つまり、とても満足している。わが家でこれを見た母が、まったく同じものを欲しがり、実家用にも注文したほどだ。

まず気に入っているのは、ふたが1つで、内側で燃えるごみとプラごみを分別できる構造。スリムなごみ箱を2個並べるより、ワイドのものを1個置くほうが風景もすっきりするし、ふたの開閉の回数が減る分、「分別しながらごみを捨てる」という動作自体がスムーズになる。また、ふたを開けるのはペダルや電動ではなく、バーを軽くタッチするだけ、それも手を使わずに腿や腰でポン、と軽く押すだけでいい。手で何かを持ちながらごみ箱のふたを開けられるとこんなにラクなのか、と知った。

以前使っていたごみ箱は丸型だったのに対して、スクエア型は背面をピッタリと壁につけて置ける。ちょっとしたことだけど、無駄なスペースがなければ、ほこりもたまりにくい。

ごみ箱メーカーとしてはもっと世界的に有名なところや、スタイリッシュな製品もある。けれど、求める機能や条件で選んだらこれになった、という自分らしいモノ選びだったと思う。

エプロンで朝と夜の家事スイッチを入れる

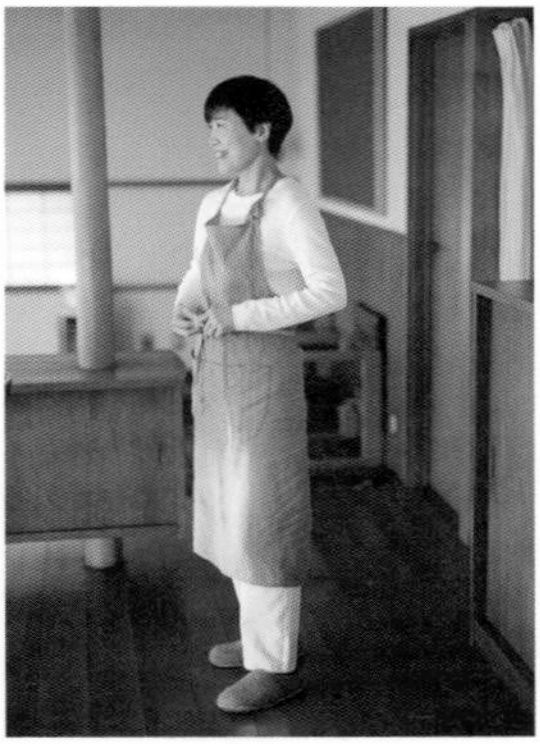

家にいる時間を愛する身にとって、エプロンは、年1回着るかどうかのオケージョン用の服より、ずっとこだわりの強いアイテム。

これまでは自作することが多く、気に入ったエプロンをそのまま生地の上に置いて型をとり、ミシンで端を縫い、ポケットやヒモを適当につけて使ってきました。案外、そういうエプロンこそが使いやすく、体になじむのです。

RELIEFWEARさん（p.189）とコラボの話が持ち上がったときは、ちょうど愛用中のエプロンの汚れが気になりはじめたタイミングでした。せっかくなら自分にとって理想的なエプロンをつくってみたい。それを、わたしのVoicyを毎日のように聴いてくださるリスナーさんや、本の読者さんにもお届けできたら、みんなで家事スイッチを入れるユニフォームになるかも、と思いついたのです。

そうしてはじまったエプロン開発。

一見シンプルな中に、こだわった点はいくつもあって、「家事をする姿が美しく見える（つまりおしゃれ）」、「汚れが目立たない」「軽く、首や肩が凝らない」「洗ってもすぐ乾く」「スマホやイヤホンの出し入れがしやすいポケット」「どんな身長や体型、着用感の好みにもフィットする」……などなど、おそらく自分自身が一番の愛用者になるであろうアイテムだけに、細かな修正を重ねていたら、発案からリリースまで1年近くかかってしまいました。

しかしその甲斐あって、大満足のエプロンができあがりました。その名も「ハタ・エプロン」。２色展開で、生地はリネン１００％です。

「ハタ」とは、サンスクリット語で「太陽と月」。「ハタヨガ」の「ハタ」もここに由来します。つまり「朝のエプロン」「夜のエプロン」というコンセプト。

早起きして、家族のごはんやお弁当をつくり、洗濯機を回す生活でも、このエプロンをつけたら、そんな自分をなかなか素敵だと思える。

そうしたイメージで選んだのは、夜から朝へと静かに明けてゆく空のような、シックなモーブグレーの生地。そこに、数時間後の空を想起させる、爽やかなブルーの腰ひもを組み合わせています。

夜のエプロンは、スタイリッシュな黒の生地。揚げ油や洗い物の水が少々はねたって目立ちません。腰ひもはネイビーでユニセックスな雰囲気です。

時間帯で、エプロンの色を変える。ただそれだけで、家事に取り組む気持ちが前向きになる。そんな気づきと喜びも、このエプロンと一緒に届けたいと思います。

＊販売は → Table Talk オンラインショップ https://www.tabletalk.store/shop

仕事部屋

WORK ROOM

金継ぎセット

作業に必要なものはすべてここに

壊れたうつわを自分の手で金継ぎするようになって10年以上が経つけれど、いま手元にある金継ぎセットは、まだ新しい。

これは、わたし自身が生徒として金継ぎを教わり、わが家のワークショップでも出張金継ぎ教室をしてくださる金継ぎ士の時岡えいさんが、ご自身の生徒さんに向けて販売されているもの。

独学期間に買い揃えた道具をひと通り持っていたにもかかわらず、このセットを見たら、シンプルな木の箱から、中の道具一つひとつに至るまで、えい先生の美意識が感じられて、どうしても欲しくなった。

金継ぎは、好きなうつわを直しながら大切に使い続けるという精神も、漆を塗って金属粉を蒔いた完

成の姿も美しく、一生続けていきたい趣味だけれど、本漆を使う作業の細かさと、準備や後片づけの手間によって、取りかかるのが億劫になりがちな側面もある。だからこそ使う道具の役割は大きく、作業に取り掛かるモチベーションを高めてくれるものだとありがたい。

この金継ぎセットは見た目に美しいだけでなく、使うものがここに全部入っていて、新聞紙を広げてふたを開けさえすれば、あとはうつわに向き合って手を動かすだけでいい。

一人で金継ぎができるようになると、どんな大切なうつわも、怖がったりもったいぶったりせずに、日常的に使うことができるようになった。金継ぎを施したうつわは、どこか誇らしげで、傷のないうつわよりむしろ存在感を増すのがおもしろい。

下手なりに自分で手を動かして、うつわを直してきたからこそ、その実感と、金継ぎという修復技法そのものの魅力を、これからも伝えていきたい。

裁縫箱

仕事部屋の特等席にある理由

イギリスのヴィンテージの裁縫箱を買ったのは20年以上前だと思う。

ファッション誌の編集ライターとして多忙な日々を送りながら、実はそのころから家で過ごす時間が大好きだった。

深夜まで映画を見たり、小説を読んだり、お菓子をつくったり、アロマキャンドルを焚いたり。そういえば一時期、刺繍と編み物に少しだけハマって、仲のいいスタッフのイニシャルを無印良品のシンプルなハンカチに刺繍して撮影現場で渡す、なんてこともしていたっけ。

外見は乙女っぽくないし、むしろそう見られそうになると反発したくなるという面倒くさい性格だけれど、家で手仕事をする時間を持つことで、仕事で神経を遣って疲れた心身を癒し、バランスをとっていたんだと思う。

この裁縫箱の内側は仕切りがないので、機能性でこの道具を使っているわけではない。ただ、一人で夜中に手芸をしながら自分を取り戻していたあのころから、一緒に時を重ねてきたこの裁縫箱が、今もすぐ手に届く場所にあることに落ち着きを感じる。

この裁縫箱の定位置は、仕事机のすぐ脇にある本棚の中。毎日使うわけでもないのに、超一等地を与えているのには、もちろん理由がある。

現在のわたしの慌ただしい生活において、この裁縫箱を開ける状況は、たいてい急いでいる。

娘の登校前に靴下の穴を見つけてしまい、「すぐ縫ってあげるから脱いで！」と大慌てで繕ったり、身支度中にコートやジャケットのボタンが取れそうになっているのに気づいた夫が「これ、お願いできるかな」と申し訳なさそうに持ち込んできたり。

そんなときにクイック対応する有能なお直し屋さんとして、この裁縫箱に手を伸ばす。だから特等席にいてほしいのだ。

また、着古しのTシャツやシーツをそうじ用のウエスにおろす作業は、裁ちバサミを手にすれば、すぐ取りかかれる。そのハサミももちろん、この裁縫箱の中でスタンバイしている。

わたしの日常と家事と愛用品は、こんなふうにすべてがつながりながら、連携プレーで回っている。

家具

飾り棚とパンチングボード

DIYの壁が醸し出すコージーな雰囲気

小物をセンスよく飾るのは夫のほうが上手だし、本来わたしは、そうじのしやすさという観点からも、スッキリした空間のほうが好きだと思う。

でも、なぜか仕事部屋は片づかない。書類以外にも小物が多くて、なんだかいつも散らかっている。

それはおそらく、この部屋が家族3人の交差点になっていて、とくに娘とは共用のスペースになっているからだろう。中学受験の勉強は、この机に肩を並べて親子で2年半がんばったし、高校生になった今も、毎晩のオンライン英会話授業はここを使い、登校前はこの部屋の姿見で身なりをチェックしていったりで、つまり、わたしの仕事部屋でありながら、わたし一人のスペースではないのである。

家の取材や来客で、見られて落ち着かないのがこの部屋でもある。ところが不思議なことに、「かわいい」「仕事がはかどりそう」などと褒めていただくことも多い。多くの人はやはり、ちょっと散らかっているくらいの空間が居心地よく感じるものなのだろうか。

この部屋のコージーな雰囲気は、DIYで取り付けた飾り棚とパンチングボードが醸し出している部分も大きいと思う。

オリーブグリーンの棚とウォルナットブラウンのボードは、木材をホームセンターで買い、塗料で色を塗り、電動ドライバーで壁に打ちつけただけ。

どちらも一人で、ほんの数時間でできるDIYだけど、こんなふうに自ら手を動かして、好きな空間をつくりあげていく作業が、理屈抜きで楽しい。

ロイヤルコペンハーゲンのスタンド

直しては蘇る、60年以上現役の照明

この家に引っ越してくる際、リビングの間仕切り収納（→P.54）に置くために購入した青いベースのスタンドは、9年ほど、そこが定位置だった。

PHスタンドテーブル3/2（→P.22）がやってきたタイミングで席替えをして、今はわたしの仕事机に置いている。手元を照らす目的ではなく間接照明として、夜、寝る前に落ち着いた気分で過ごしたいとき、このスタンドを点ける。

北欧のヴィンテージを集めたショップでひと目惚れしたこのスタンドは、デンマークの照明メーカー、フォグ&モーラップ社とロイヤルコペンハーゲンのダブルネーム。ベース部分が、1950～60年代に生産されたロイヤルコペンハーゲンのバッカという人気シリーズの陶器になっている。洗練味と温かみのバランスがいかにも北欧デザインらしい雰囲気で、派手ではないのにちゃんと印象に残る、独特の存在感を放っている。

実はこのスタンド、手に入れてからこれまでに2回ほど、直している。

1回目は、内部の接続部分の劣化で点灯しなくなったとき。近所の電気屋さんに持ち込んで修理してもらったら、見事に復活した。製造から60年以上経ったものが、暮らしの道具としてちゃんと現役で活躍し、調子が悪くなってもまた元気になって戻ってきてくれたことに感動した。

2回目は、シェードの交換。購入時は生成りのクロスのプレーンなシェードだったが、経年劣化によって汚れやプラスチック部分の割れが目立ってきた。

Royal Copenhagen < BACA >

そこで、新しいシェードに替えようと探しはじめたものの、これがなかなかむずかしい。ベースにシェードをセットする方法もいろいろあって（ちなみにこれはキャッチ式という針金のようなパーツで電球をはさみこむタイプ）、シェードの形と大きさが、ベースとバランスよく釣り合うかどうかをネットで見極めるのは至難の技。かといって、実店舗でランプシェードの種類を豊富に取り揃えているところも、そうはないだろう。

そんな中、その名も「ランプ・シェード」という照明専門店のネットショップを見つけた。

サイズ、形、生地の種類や色など、細かくセミオーダーできるため、イメージ通りの新しいシェードに交換することに成功した。かかった費用は5千円ちょっと。

生地見本を取り寄せ、ドキドキしながら注文して、商品が到着し、いざベースに取り付けてみたときの、ピタッ、とパズルのピースがはまったような感覚。たかだかスタンド照明のシェード交換くらいで、と笑われそうだけど、こんなふうに、他人からは些細に見えること一つひとつに大真面目に取り組んでこそ、わたしの家と暮らしは、より心地よいものになっていく。

そして、古いものを直すたび、愛着もまた育っていく。モノとの付き合いは、ずっとこの繰り返しなのだ。

茶箪笥

置かれた場所での働き者

新婚時代、下北沢の古道具屋さんで、たしか4万円くらいで購入した茶箪笥。

当時のわたしはシェーカーやアーミッシュの写真集をよくめくっていて、この茶箪笥を見たとき、昭和の日本の家具なのに、洋のムードに通じる匂いを感じとって、ひと目で気に入った。

暮らしていた世田谷の家にも縁側があって、その隅に置き、予備の電球とか工具とか、細々とした日用品を収めるのに使っていた。今の家に引っ越してからもやはり縁側が定位置で、同じ使い方を10年続けた。

コロナ禍がはじまったばかりの2020年、縁側の隅にDIYで小さな書斎（→P.80）をつくろうと思い立った。

だったらこの茶箪笥を移動させなければいけない。どこへ？　メジャーを片手に家をぐるぐる歩き回り、わたしの4畳半の仕事部屋に置けるとわかって、感激した。夫に手伝ってもらいながら家の中での引っ越しを終えると、茶箪笥にとって新たな住所での任務がスタートした。

この茶箪笥が素晴らしいのは、どこに置かれても、その場所で頼もしい仕事ぶりを発揮するところ。

わたしの仕事部屋では、料理本や取扱説明書のファイルを入れる書棚として、目下活躍中。引き戸を閉めればホコリもつかないので、アクセサリーケースもここに収納している。

足もとのほうの小さな引き出しには、予備の電池や充電器も入っていて、中身に一貫性がなくても、「ここにあると便利」というモノを一手に引き受けてくれる懐の深さがありがたい。

古いモノは好きだけれど、骨董を愛でたいわけではないわたしにとって、この茶箪笥の、機能的なところと、どこか軽やかさの漂う古さは理想的といえるかもしれない。

いかにもチープに見えるのでなければ、とくに稀少だとか、上等であるとかは求めない。ただ、そこにいるだけで心を和ませてくれて、気の利いた働きぶりを見せてくれるなら、それで十分、むしろ最高。

そんな好みにぴったりの相手として、一緒に暮らして、もう17年を数える。

アップライトチェア

背筋を伸ばして仕事スイッチを入れる

この椅子との出会いは、ある日突然だった。たためる椅子（↓P. 40）を見に行ったショールームに置いてあり、なにげなく座った瞬間、「仕事のやる気が出そう！」と直感的に思ったのだった。

独身時代から使っていた北欧ヴィンテージのオフィスチェアのパーツが劣化してきて、それとなく新しい椅子探しをはじめてはいた。けれど、20年を超える歳月を共にした椅子の代わりが、そうやすやすと見つかるわけがない、と思い込んでいた。

その矢先の、ひと目惚れならぬ、ひと座り惚れ。

腰掛けた瞬間、背筋がスッと上に伸び、ゆるやかなS字カーブを背もたれが支える。浅い座面によって、後傾していた骨盤が自然に立つ感じがして、気持ちが引き締まる。

実はこの椅子、キッズチェアである。

子どもが足をブラブラさせたり、背中が丸まったりするのを自然に矯正し（だから取り外し可能な足置きも付いている）、体の成長に合わせて座面の高さを調整しながら長く使えるよう設計されている。

今では背が高い大人2人と高校生しかいないわが家には縁のない椅子のはずが、一切の予備知識もなく座ってみたら、「仕事の精度を上げるためにこれを買おう」と瞬時に決断してしまった。

ボディカラーは10色、座面カバーは20色あり、ショールームで現物の色や質感を確かめながら、無難にまとめることなく自分好みに選ぶことができた。

その結果、ボディは黒、座面はミモザ色。足置きがなければ、これがキッズチェアだなんて、言わなければ誰も気づかないようなクールな印象になった。

物書きという職業柄、しかも集中すると時間を忘れて延々と書き続けてしまうタイプなので、腰やお尻にすぐ疲れがたまってしまうのが悩みである。

その点、浅い座面と特徴的な背もたれによって、いい意味で「体をゆっくり休めることができない」この椅子は、あくまで仕事スイッチを入れるための家具といえる。

子育てが一段落し、また仕事に時間を多く使えるようになったタイミングで、この椅子に出会えたことには、きっと意味があるのだろう。

お金と豊かさの関係について

20代から30代まで、編集者として身を置いていた女性ファッション誌の世界は、最新の服や小物を身につけることが仕事意識と見なされ、がむしゃらに働いて得た収入が、すぐまた服の買い物に消えていくことが当たり前の業界でした。

わたしもそれなりに、たくさん働いて稼いで、無計画に使っていました。

一方で、子どもの頃から『大草原の小さな家』や『赤毛のアン』が大好きで、「稼ぎに見合った暮らし方をする」というポリシーが土台にはあり、古い家や家具が好きで、ハイブランドのバッグには興味がなく、あるフリをしたこともありません。

「分不相応はカッコ悪い」という価値観が根強くあって、たとえば狭いアパートに暮らしながら高級車に乗るとか、毎日コンビニ、みたいな食生活で一流メゾンのコレクションを追いかけるのは、ちょっと違うな、と思っていました。

だから、ファッション編集者としてバリバリ稼いでいた時期は、相応の家賃の部屋を借りていたし、その後、子育てがはじまって、かつてのようには働けず、収入も激減、といったフェーズに入ると、すぐに意識を切り替えて、今の稼ぎに見合った支出に縮小できたのだと思います。

こうした話をすると、「収入が減ったことに焦りを感じなかったか？」「以前のように羽振りよく使う生活に戻りたいと思わなかったか？」といった質問をいただくことがありますが、やせ我慢ではなく、そうした感情はありませんでした。

むしろ「体が元気なうちに、『稼げない自分』を経験できてよかった」と思ったのです。

前提として、愛しい家族としあわせに暮らせている実感があったことも大きいでしょう。

そして、もしも20代や30代の働き方と稼ぎ方のまま、仕事の領域も変えずに、40代、50代と年令を重ねていたらと想像すると、そちらのほうが怖いと今では思います。

郊外で子育てをしながら仕事を続けるために、次の居場所にしようと決めたのは、同じ出版という業種でも、華やかなぶん移ろいやすくもある女性誌の世界からは距離を置いた、つくるのも売るのも雑誌より時間がかかり、けれど作品としては長く残る書籍の世界。

小さくした生活では、一晩で1万、2万と飛んでいく外食の代わりに、自宅のキッチンで、お気に入りの鍋でじっくり煮込む料理のおいしさを知ることができました。

自分にとって削れないもの、手放せるものを見つめ直し、それをテーマに『ただいま見直し中』『すこやかなほうへ 今とこれからの暮らし方』という作品を書くこともできました。

お金がある、ない。たくさん働ける、働けない。いっぱい使う、なるべく使わない。一人で暮らす、誰かと暮らす。

せっかく長く生きるなら、なるべく体が元気なうちに両方知っておくと、後半の人生の方針を立てやすくなります。

そうして自ら選んで進む道は、お金の出入りの多寡に関係なく、きっと豊かに感じられることでしょう。

寝室

BED ROOM

ダウンしない体のバネを支えている

現在の生活で最も大切にしているのは、一も二もなく、睡眠である。

睡眠時間が6時間を切らないこと、なるべく夜中に起きずにノンストップで朝まで眠ること、目覚めたときの気分や体を重いと感じないこと。

これをクリアしていれば、朝の家事やヨガが億劫だと感じることはなく、一日を前向きにスタートできる。だから、日々の充実度のカギは、前日の就寝前にあると言っていい。

その結論に到達したわたしが、ベッドサイドにお守りとして置いているもの。

シルクのアイマスク、ハーブのピローミスト、マヌカハニーの喉スプレーの3つ。

安眠セット

アイマスクは、アルファックスというメーカーの商品で、ネットで購入した。きっかけは、日の出の時間が早い夏に目覚めるのが早すぎて、寝不足になったからだったが、今では季節を問わず、洗い替えも買って毎日つけている。耳にかけるタイプで髪に跡がつかず、夜中も外れにくい。シルクの生地は肌に触れるとほんのり温かく、光もしっかり遮断するので、まだ家族が起きているのに自分は寝たい、という状況でも、すぐ寝つくことができる。

ピローミストはニールズヤードのもの。大好きなラベンダーの香りで、枕に2、3プッシュしてからベッドに入ると、穏やかで深い呼吸とともにリラックスできる。

喉スプレーも、寝る前に口の奥にシュシュッとすると、乾燥する季節でも、咳で夜中に起きてしまうようなことがなく、風邪予防にもなる。

ここ数年は風邪で寝込んだこともないし、ハードな日々でも、睡眠で早めに体を立て直すことができている。

ダウンすることがなければ、ヨガを休まないでいられる。ヨガを続けていれば、筋力や体力も簡単には落ちない。

そんな体のしなやかで強いバネは、よい睡眠が支えていて、その睡眠を支えているのが、ベッドサイドにスタンバイしているこのセットなのだ。

flame のベッドサイド照明

一日の終わりのごほうび読書の友

２０１９年、寝室をリノベーションして、それまでの布団生活からベッドに切り替えることにしたとき、ベッドやマットレスを選ぶよりも先に動いたのが、照明探しだった。

寝室に限らず、リビングでも仕事部屋でも、最初に照明を決めるのは、インテリアの最後に設置する照明、つまりゴールを明確にしておくことで、途中で迷走するのを防げるからだ。

「最終的にこの照明が似合う部屋」というイメージがクリアであれば、それを基準に他の要素も決まりやすい。というわけで、この寝室も、まずはベッド脇に置く照明を早々に探しはじめたのである。

漆喰の白い壁とダークブラウンの木の壁、障子で構成される古民家旅館風の部屋は、ただ眠るだけでなく、壁にもたれかかって読書に耽る贅沢な時間の舞台でもある。

ぼんやり薄暗い間接照明ではなく、手元をちゃんと照らしてくれて、かつインテリアのアクセントになるデザインで……という条件で探し、兵庫県にある「flame」という照明メーカーの「bonet bend」という商品を見つけた。

最大の決め手は、可動域が広く、本を読む体勢を変えても、角度や位置を細かく調節できるところ。また、壁に直接取り付けられるため、暗い中で手がぶつかってスタンドが倒れるようなこともない。

シングルサイズを２つ並べたベッドの、夫側とわたし側に１個ずつシンメトリーに設置し、夜は、互いに背中を向け合ってそれぞれ静かに本を読み、だ

flame < bonet bend >

いたい同じくらいのタイミングで灯りを消して「おやすみ」と言い合う。スイッチは軽く触れるだけだから、眠気の中でもがんばらずに消せる。

感激したのは、メーカーが用意しているレンタルサービスだ。片道の送料と数百円の手数料を払うだけで、1週間お試しができる。もちろんこのサービスを利用し、兵庫県から千葉県までレンタル用商品を取り寄せて、サイズや質感、壁に取り付けられるかどうか、購入前にしっかり確認した。そのため、使いはじめから大満足で、そのまま5年以上愛用している。

スッキリとクールな印象ながら、シェードの形にさりげない個性があり、ホコリもたまりにくい。意識したわけでもないのに、1階のリビングと同様、和室に黒のアクセントを効かせたインテリアになって、自分の好みを再認識した。

少し寝坊をした休日の朝、空っぽの夫のベッド越しに、障子を背景にしたこのスタンドのシルエットを見ると、やっぱりいいなぁ、と今でも思う。

もちろん夜も、好きな照明を灯して読書をする時間が、朝早くから動き回った自分に与えるごほうびとなって、忙しい毎日を豊かなものにしてくれている。

HAKUROのインナー

いま肌着に求める条件を備えている

インスタグラムで流れてきた広告から興味を惹かれ、試しに買ってみたら、すっかり気に入ってしまった。

「HAKURO」という、これまた兵庫県にある肌着メーカーの製品で、現在わたしが肌着に求める条件をすべてクリアしている。

それは、体が冷えないこと。そして暑（厚）すぎないこと。天然素材であること。肌に違和感やストレスがないこと。おしゃれ心を邪魔しないこと。洗濯や取り扱いがデリケートすぎないこと。気軽に買い替えができる価格であること。

HAKUROの肌着はすべてコットン100%で、冬でも暖かなガーゼタイプ、薄手の服にもひびかないリブタイプ、敏感肌にもやさしいモイストタイプと、3種類の生地タイプがある。

サイズや色、袖の長さや襟の開き具合のバリエーションが、各タイプごとに2、3種類ずつあり、その多すぎず、少なすぎない選択肢がちょうどよくて、選びやすい。

全種類ひと通り試してみたら、1年を通して、季節ごとの肌のコンディションに寄り添ってくれるラインナップになっていることがわかった。

とくに気に入っているのは、どのタイプにも共通のデザインとして着丈がしっかり長いところ。かがんでも腰の肌があらわにならないため冷えないし、ウエストのあたりでインナーの裾がゴロつくようなこともない。色や生地感もさりげなく洗練されていて、いかにも下着っぽく見えない点も気に入っている。

また、現在の方針として、下着は手頃さよりも素材感重視、かといって高級路線でもなく、多少でもヨレてきたら迷うことなく買い替えられる価格帯から選びたいと思っているところに、天然素材、日本製で一枚約４千円というプライスが絶妙。それでいて意外と耐久性はあり、毎日洗濯しても、ワンシーズンで寿命を迎えるようなことはなかった。

肌に直接触れて心地いい素材なので、日中だけでなく、就寝時もパジャマの中に着ている。体にフィットしてほんのり適温に保ってくれるため、これも安眠につながっている気がする。

HAKURO

家好きとしてファッションにどう向き合うか

家にいる時間が長く、人と会う機会も少ない生活を送るようになってみても尚、おしゃれについて考えたり閃いたりしているわたしは、いわゆる「ファッション好き」と胸を張れる人種ではないにせよ、それなりにファッションを大切に考えている自負があります。

若いころは、「おしゃれな人って思われたい」という、他人からの目線を意識することが服を買うモチベーションになっていたはずで、じゃあ他人の目線がなくなったら服なんてどうでもよくなるかというと、全然そうではありませんでした。

わかりやすく「見た目」を追求する意欲は減ったかもしれませんが、「着ていて心地いいかどうか」「今日の姿に自分でOKを出せるか」という点においては、相変わらず感覚と理論の両面からジャッジしている自分がいます。

執筆の合間にトイレに立ち、手を洗うついでに鏡を見て、「ずっと家にいるけど、そうだらけてるようにも見えないな」と思えたなら、ちょっと安心するし、気分も上向きになる。

そんな日々を送るなか、「身につける養生」をコンセプトに掲げるアパレルブランド、RELIEFWEAR（reliefwear.jp）さんと出会いました。

デザイナーの鳥羽夫妻と知り合ってみると、おしゃれ心とすこやかな体、どちらもあきらめたくないという思いに共感する部分が多く、ゴムの締めつけがないのにずり落ちないソックスと、体の中心といわれる丹田の位置で腰紐を結ぶパンツがすっかり気に入りました。

ソックスは、適温の足湯に浸かっているようなはき心地と、カラフルな色からも元気をもらえるので、ずっと家にいる日でもおしゃれの楽しみを味わわせてくれます。

パンツは、体の理想的な状態といわれる、上半身は余計な力が入らず、下半身は体の土台として安定している「上虚下実」へと導くように設計されていて、夫も愛用しています。

たくさんのファッション誌に取り上げられて、毎シーズン新作を出すようなブランドでなくても、自分がまとってみて、しっくりくる感覚があれば、おしゃれ心はちゃんと満たされる。

むしろ、新しい服をどんどん買っては、クロゼットにぎゅうぎゅうに押し込んでいたころより、チェックするブランドも、

買う点数もグッとしぼりこんだ今のほうが、「おしゃれな人」という評価をいただける機会が多いのは、不思議なものです。

つまり、おしゃれとは「どこの服を着るか」ではなく、「その人自身が服と一体化して魅力的な存在として輝いているか」が大切だということ。

衣、食、住のすべてが、おしゃれな人をつくる。

今はそんなふうに考えて、若いころとはまた違う視点からおしゃれと向き合っています。

玄関・庭

ENTRANCE & GARDEN

だるま

家と家族を守ってくれている

毎年3月、東京調布市にある深大寺で開催されるだるま市で、だるまを4、5個購入している。玄関、夫婦それぞれの仕事部屋、娘の勉強机、義母が生きていたころは、義母の部屋用にも買っていた。

まだ独身のころ、夫とはじめてだるま市に出かけた翌日に、運命の家と出会い、そこに住みたくて結婚したのが夫婦のなれそめなので、深大寺でだるまを買うことは、大切な家族のイベントとなっている。

だるま市に行くと、100店にも及ぶ店が境内に並んでいて、見渡す限りのだるま、だるま、だるま、という光景に毎回胸が躍る。

店ごとにだるまの顔立ちは微妙に違い、眉が太くて猛々しい表情のだるまもいれば、鼻筋が細くてシュッとした雰囲気のだるまもいる。わたしたちが買うお店はもちろん、最初の年に買ったところ。いつも同じ場所に店を広げているので見つけやすく、店主の女性が「今年も来てくれてありがとねぇ」と元気に声をかけてくれる。年1度、数分間だけのやりとりだけど、17年間交流が続いている、ともいえる。

17年前、その店のだるまに決めたときのことを、今でも思い出せる。ひと通り見て回ったなかで、表情にどこか優しさがあり、威嚇するようなオーラをまとっていない、ニュートラルに見えて内側に芯の強さを宿しているような、そんな顔に惹かれた。

だるま市に出かける日の朝は、家のあちこちからだるまを集めてダイニングテーブルの上に並べ、片方空いている目を黒く書き入れる。

大小すべてのだるまを大きなバッグに入れ、それ

を大切に抱えながら深大寺へ出かけ、参拝したら、返納所でだるまをゴロゴロ転がして、お別れをする。

それから先述の店で新しいだるまを選び、会計をしたら、店主が笑顔で「またどうぞご贔屓に！」と、赤いポチ袋とだるまを一緒に手渡してくれる。ポチ袋の中身は、ピンクのリボンが結ばれた5円玉。

次に目指すのは、だるま市の期間だけ特設される、だるまの目入れ所。購入したばかりのだるまに、寺の僧侶が、物事のはじまりを意味する阿吽の「阿」の梵字を左目に書き入れてくれる（このとき任意の額のお布施を払う）。

そのため、返す前に右目に書き入れるのも、その文字と対を成す、つまり、物事の成就を意味する阿吽の「吽」の梵字だ。なかなかむずかしいので、夫が毎回ネットで調べながらやっている。

新しいだるまに無事に目が入った後は、名物の深大寺そばを食べるか、あまりに混んでいるときは、深大寺を後にして、帰り道の途中にある都内のお気に入りの店で昼食を食べて、やれやれと夕方近くに千葉まで帰ってくる。そんな一日を過ごすのが、毎年3月はじめの恒例行事。

時期的に、ここで丸一日仕事を休むのはきびしいんだけど……とスケジュール帳をにらむのはいつものことで、それでも、なんとか前後の予定をやりくりして、だるま市で一連の儀式を済ませれば、気分はなんともスッキリサッパリ。これでまた1年はきっと大丈夫、だってわたしたちはだるまに守られているから、と心強い気持ちになる。

これが、わが家の玄関に鎮座する、大きなだるまさんのストーリーだ。

盛り塩

頼もしい門衛のような白い八角錐

玄関扉の外側、1階と2階のトイレ、洗面所とキッチンに、盛り塩を置いている。

夫の実家の土地相続で揉め事があったとき、どんなに日頃まじめに生きていても、ふとした隙に邪気は入り込み、トラブルを引き起こすものなのだと学んだ。そして、災いも幸いも、目に見えないようで実ははっきりと存在している氣によってもたらされているのだと、肌で感じた。

だったら、悪い氣ははねのけ、よい氣は招き入れたい。そのためにできることはやろうと思ったのが、家に盛り塩を置きはじめたきっかけだった。

しゃきっと美しい八角錐の盛り塩をつくるための型を、偶然のぞいた「神棚の里」という店で見つけた。購入してみると、これが大当たり。型を使えば、盛り塩をつくることはとても簡単で、風景としての気持ちよさがあるから、自然に習慣化した。とくに玄関の盛り塩は屋外なので、すぐ汚れてしまい、こまめに取り替えなくてはならないけれど、だからこそ、家を守るために行う大切なお務め、という意識が引き締まる。

月2回、盛り塩を交換するたびに、それはまるで白い衣装を着た門衛のように、家のすみっこで邪気を追い払ってくれる姿に見えてくる。

何かにすがったり、依存したりするわけではない、自分の心が落ち着くささやかなお守りとしての盛り塩習慣を支えているのは、簡単に八角錐を型取れる道具のおかげであり、また、「やると気持ちがいい」というシンプルな体感なのだ。

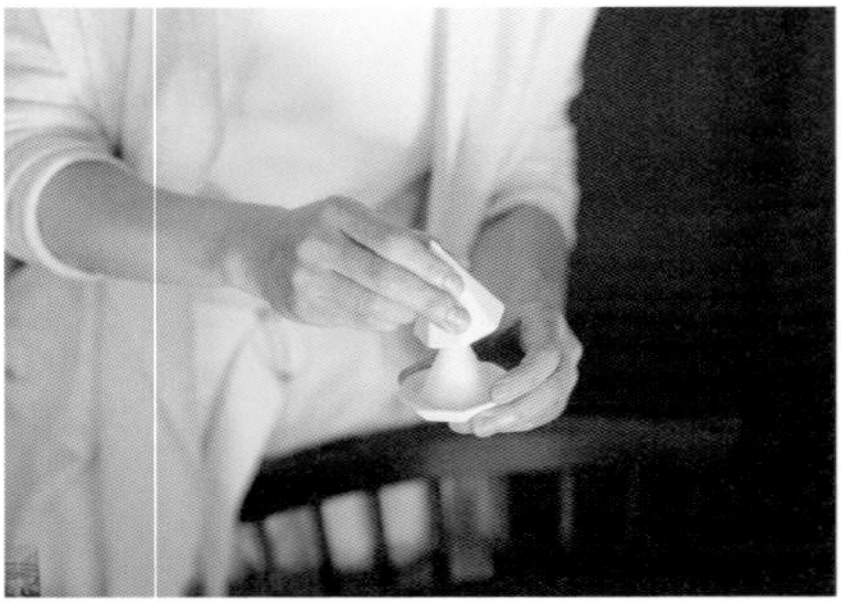

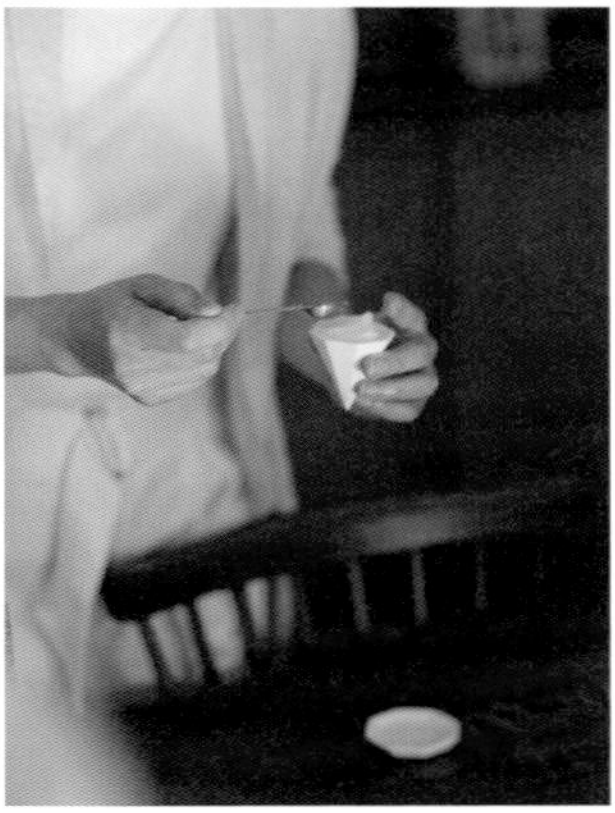

盛り塩用の塩は、スーパーに売っている天然の海塩を使っている。スプーンで型の先端まで押し込むようにして塩を詰め、セットの八角小皿でフタをして、ひっくり返せば、できあがり。

来客用スリッパとかご

一時置きの風景も絵になる

来客用スリッパはここ数年、無印良品のものを使っている。以前は革のバブーシュで揃えたこともあったけど、棚にしまっている時間が長いせいで、梅雨時にカビが生えてダメにしてしまった。

1組千円もしない無印良品なら、惜しみなく買い替えができるし、左右がないデザインは急いでたくさん並べるときも便利だ。

かごは、アメリカの老舗かごメーカー「ピーターボローバスケットカンパニー」のもので、東京・青山にある「ザ テイストメイカーズ アンド コー」で購入した。

当初の用途は、テレビ台の下に置いて配線をまとめたり、リモコンやDVDケースなどを放り込んでおいたりするためだった。

ところが、床に直置きしているとほこりがたまりやすく、配線はテレビの後ろにまとめれば、必ずしもかごは必要ないとわかって、なくしてみたらスッキリした。

そうして空っぽになった大きなかごは、すぐには次の使い途がなく、わたしの仕事部屋の棚の上でスタンバイ状態だったが、自宅でワークショップをはじめてから、参加者用スリッパ入れとして再び活躍の場を得ることとなった。

10代の頃から雑誌『オリーブ』に多大な影響を受けた身として、かご好き歴はそれなりに長い。とはいえ昔に比べると、インテリアにも合理性を重視するようになり、かつてのようにコレクションとしてかごを欲しがることはなくなった。それでも、使いやすくて汎用性の高いかごは、やっぱり暮らしの道具として優れていると思う。

ワークショップの日は参加者と先生の分でおよそ10組のスリッパが必要で、普段来客用として階段下の棚に常備している4組に、予備を足して用意する。

ワークショップ後は、消臭スプレーをして天日干しをしてからしまうので、一晩以上、使用済みスリッパを玄関に置いておくことになる。そんな片づけ待ちの状態でさえ、視界に入って気にならないのは、このかごのおかげだ。

こんなふうに、最初に購入した目的とは違う使い方をしてみて、それでもよい働きを見せてくれたとき、あらためてモノとして惚れ直す。わたしの愛用品には、そのパターンも多い気がする。

階段下の風景

偶然のバランスで生まれた美しい絵

２０２０年に出版した『直しながら住む家』という本の表紙になった、玄関ホールの階段下の風景。

このコーナーに置いた道具一つひとつをあらためて見直してみると、思い出の集合体であると気づく。

スリッパ入れにしている扉つきの本棚は、一人暮らしの頃に見つけた昭和の時代の古道具。

ヴィンテージのカフェチェアとスタンドは新婚時代に夫と選んだもので、椅子は、脚がグラつくようになってからは荷物置きとして使っている。

スタンドは、当初は寝室の枕元に置き、寝る前に本を読んだり、夜中に授乳したりするときに点けていた。今は、日が暮れてから点灯すると、玄関の隅っこをぼんやりと照らして、とても雰囲気がいい。また、ワークショップのときはリビングの間仕切り収納（→P.54）に移動させて、細かい作業の手元を照らすのに重宝している。

モノの所有について、ルールらしいものはとくになくて、手放すモノ、残すモノ、誰かに引き継ぐタイミング、再利用のアイデアも、すべては閃きと直感でしかない。

でも、このコーナーのように、出会って気に入って、使って、残して、また別の使い方をして……そんなふうに長く付き合ってきたモノたちが偶然集まり、まるであつらえたように美しい風景を描いてくれると、自分のモノ選びもなかなか悪くないんじゃないか、と思える。もちろん自己満足だけど、好きな家をつくるうえで、それは何より大事なものだ。

玄関引き戸と三和土

水拭きして、よい氣が回る場所に整える

玄関は、細かな縦格子の引き戸で、この扉を「ガラガラッ」と開閉することが日常に組み込まれすぎていて、好きも嫌いもなかった。けれどインスタグラムをはじめて、ときどき玄関の写真を撮るようになってから、もしかしてこれは魅力的な風景といえるのかもしれない、と思うようになった。

朝は東の窓から日が差し、玄関を明るく照らす。それだけで運気のいい場所に思えてくる。

三和土は墨色のタイルで、これに関しては当初は不満を持っていた。なぜなら、グラウンドを走り回ってきたかのように、泥も砂も目立つから。

だから毎日そうじをするようになった。朝早く、家じゅうの床を拭いた不織布のフロアシートで最後に三和土まで拭くのを日課にして、数日おきに水拭きもしている。すると、はじめてわが家を訪れた方の多くが、玄関に立ちながら「なんだかここは空気が澄んでいるように感じます」と言ってくれる。

風水でも、玄関は寝室と並んで大切に考えられる場所で、よい氣も悪い氣も玄関から入ってくるとされる。その感覚は今ではわたし自身にしっかり根づいていて、すっきり整った玄関が暮らしの土台を支えている、と信じるようになった。

逆に、ここの風景が心をざわつかせるものになっているときは、自分に余裕がなさすぎる危険信号の状態だと思っていい。

だから今日も、靴はすべて下駄箱にしまい、三和土には何もない状態にして、よい氣を呼び込む場所に整える。

ガーデンテーブル&チェア

庭の一部として溶け込んだ自然な存在

庭の奥に置いたガーデンファニチャーは、メーカーも買った時期もバラバラなのに、一緒に置いているうちに表情が似てきた。

折りたたみのテーブルは、ネットで買ったごく普通のアウトドア用の家具で、天板の中心にパラソルのポールを差す穴が空いているものの、実際に試してみたことはない。

3脚あるうち、2脚はIKEA（↓p.66）、1脚はフランスのヴィンテージを購入したもの。買った当初は白くペイントされていたのに、今ではすっかりはげている。椅子を3つしか置いていないのは、わが家が3人家族だから。

ときどき「うちにもああいうセットが欲しくて」と相談をいただくと、大して語れる蘊蓄がないことを申し訳なく思いつつも、現状とくに不満がないことに気づく。少なくとも、もっと装飾性のある鉄製のガーデンファニチャーに買い替えたいとか、ソファを置きたいなどとは考えていない。

もはやこの椅子とテーブルは、わが庭の一部であり、素敵とかイヤとかいう感覚にも触れてこない、文字通り自然な風景と化しているのだろう。それでいいことかもしれない。

バラバラの家具が不思議なチーム感を作り上げるに至った1つの要因は、ペイントだと思う。

テーブルとIKEAの椅子は、木材を保護しつつ色味を1トーン深くする目的で、濃いめのブラウンのステインで塗装した。同じタイミングで塗ったから、塗料の落ち方も同じペース。フランスのチェア

は何もしていないけど、雨ざらしにも関わらず、木が腐ることもなく、フレームも危なっかしいところはなく、とても頑丈だ。ヴィンテージとして購入してそろそろ20年になるから、果たして生産からは何年が経っているのだろう？

3月の梅の見頃の時期や、新緑の4月や5月、または蚊がようやくいなくなった秋には、ここでコーヒーを飲むこともある。といっても、1時間以上いることはないから、しょっちゅう使っているわけではない家具。

でも、ここに椅子とテーブルがあることで、家の中に1つ特別な「席」ができる。

それだけで、自分の家が好きだという気持ち、ここが世界で一番くつろげる場所だという気持ちも、また増すのだ。

LFCコンポスト

ごみが減る生活ってシンプルに心地いい

コンポスト生活も4年目に入った。

使っているのは、LFCコンポストというトートバッグ型のもので、わたしにとってこれがはじめてのコンポストとなる。マンションのベランダでも使える商品で、都市生活者や初心者向けとして人気のコンポストだ。

使い方は簡単で、フェルトでできたバッグに基材を入れ、一日の終わりに生ごみを投入してかき混ぜるだけ。生ごみはバッグの中で微生物によってどんどん分解され、数週間後には堆肥となる。それを庭木の根本にまいて土に返せば、生ごみになるはずだったものを、庭の肥料として再生できるという仕組み。もちろんごみ出しの回数はぐんと減り、ごみ箱

のいやな臭いからも解放された。

気温が高くて分解が進みやすい季節は、バッグを開けると、アメリカミズアブの幼虫がうじゃうじゃ蠢いていて、最初はゾッとしたものだった。しかし、彼らは優秀な分解者だと知り、うまく付き合っていくしかない相手なのだと腹を決めた。

また、揚げ物の残りの油も、これまでは捨てるのに手間がかかっていたのが、コンポストに入れれば生ごみの分解を促進してくれると知った。これによって凝固剤が不要になっただけでなく、揚げ物料理をすること自体へのハードルも下がった。

コンポストでできた堆肥を混ぜた土で野菜づくりをすれば、食べると育てるの循環がかなえられるわけで、いずれ時間の余裕ができたら、そんなこともしてみたいなと思う。

コンポストをはじめた動機は、自分なりの環境への配慮からだったけれど、実践してみれば、ごみが減ることそのものが、日々の暮らしにもたらしてく

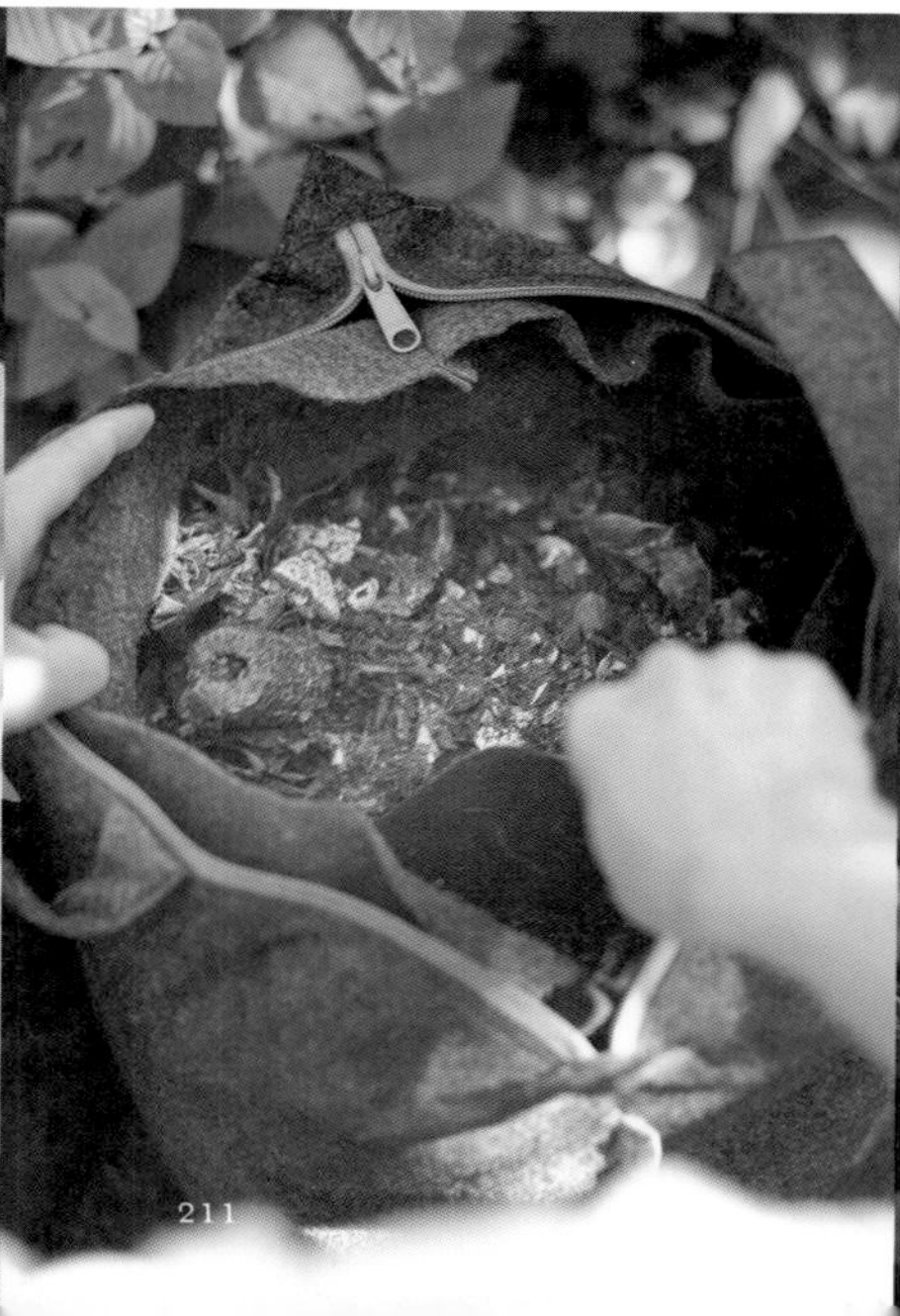

れる恩恵に驚いている。

持続可能性って、頭でっかちに目指すものではなくて、生活者一人ひとりが、もっと気持ちのいいほうへ、心地よいほうへと進んでいく、その暮らしの方向性を指すのかもしれない。

だとすれば、このコンポストは、まさに持続可能性に満ちた道具だと思う。

家に合わせて自分を変えていく

２０１３年に出版した『家がおしえてくれること』という作品のまえがきに、「家を見ると人がわかる」と書きました。

あれから10年以上経って、その考えは今も変わっていません。家には、住人が大切にしているものが如実に現れると思っています。

インテリアの趣味とか、片づき具合といった他人から見える部分の話だけでなく、自分の性格や価値観に住人自身が向き合わされるのも、家のおもしろいところ。

たとえばわが家の場合、そもそも古い庭と縁側にひと目惚れして住みはじめましたが、縁側の窓枠は木製で、経年の歪みによって隙間風が入り、冬の夜間の縁側は、まるで冷蔵庫のようです。

他の部屋も、木造家屋ならではの足元からの冷え込みが厳しく、春先などは室内より庭に出たほうが暖かく感じられるほど。

それでも、窓枠を気密性の高いサッシに変えることもせず、床暖房も薪ストーブも導入しないのは、この家の特徴を理解したうえで、それを住みこなす身体や暮らしに、自分たちが変わっていこうと決めたからです。

足元が冷えるなら、レッグウォーマーや室内履きで防寒しつつ、毎日ヨガやウォーキングをして血流のいい体質になればいい。

床暖房は、乾燥による加湿器の必要性、おまけに光熱費のことも考えると、自分たちにとってはメリットより憂鬱な点の方が多いように思えます。

他人の家にある分には惚れ惚れする薪ストーブも、一度置いたら動かせない点や、薪を買うハードルが憧れを上回ってしまう。そんなとき、自らの現実的で合理的な性格を再確認するのです。

かといってエアコンでは太刀打ちできない木造家屋の冬越しには、ガス暖房が強い味方。

スイッチを押せばすぐに温風が出てくるガスファンヒーターや、じんわり温まるガスストーブを各部屋に置いています。

服の着方や運動と組み合わせれば、寒さに震えることも、乾燥で喉がやられることもなく、季節が過ぎればしまえるしで、ちょうどいいと感じています。

不便を力技で便利にしたいなら、わざわざ古い家に暮らす必要はないのです。

そもそもこの家の古い味わいに惹かれた初心を忘れずに、美意識とリアリティの両方を持って家と向き合い、住みこなしていけたらと思います。

そうじが楽しくなれば家がもっと好きになる

占星術家のＫｅｉｋｏさんが提唱する月星座占星術に興味を持ったのは、実は「そうじ」がきっかけでした。

ネットでなにげなく読んだ記事で、Ｋｅｉｋｏさんの著書『「運のつまり」を取れば、幸運はあたりまえにやってくる！　Ｋｅｉｋｏ的 月の浄化術』という本を知り、「スピリチュアル」と「そうじ」という一見意外にも感じる組み合わせに好奇心がそそられ、そこで紹介されている「ムーンクリアリング」というそうじ法を実践してみたのが最初でした。

ムーンクリアリングは、12星座と家のそうじ場所を組み合わせ、月の運行サイクルに合わせて、約1ヶ月かけて家をすみずみまでそうじしていく方法。

たとえば、月が牡羊座にある日は玄関を、その2日後に月が牡牛座に移動したらバスルームを、また2日後に双子座に移動したら仕事部屋を……というふうに、それぞれの星座が持っている性質に合わせて各所をそうじする独自の開運メソッドにワクワクしながら、遊び感覚で、でも着実に家をきれいにしていけます。

この方法を取り入れてから、それまで面倒な家事でしかなかったそうじが、家をパワーハウス化させるための開運行動に変化しました。

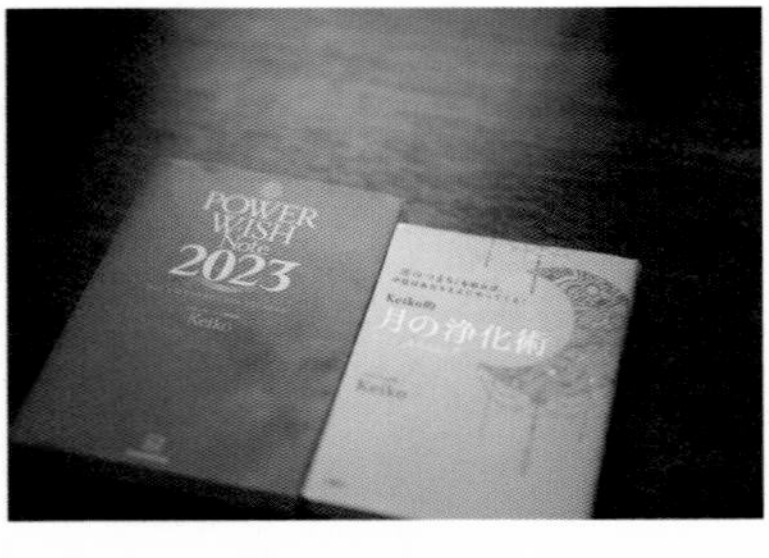

また、ムーンクリアリングをきっかけに、Ｋｅｉｋｏさんの有料メルマガ「パワーウィッシュアカデミー」の会員になり、月2回、新月と満月の日に「パワーウィッシュノート」に願いを書き込みながら仕事や人生の戦略を立てるのが習慣となりました。自分の月星座が蟹座で、家や家庭を大切に育てることが本質的に得意であると知ったことで、自宅ワークショップの構想が一気に具体化したともいえます。

もともと占い好きだったわけではなく、月星座を知ったのも、40代の終わりという十分すぎるほどの大人でしたから、スピリチュアルな世界をおもしろがりながらも依存はせず、冷静に活用するのがわたしのスタンス。

ときに起こる一見ありがたくないアクシデントも飛躍のチャンスとして前向きに捉えられ、状況に飲み込まれずクールな視界で物事を俯瞰できたり。スピリチュアルは、人生をしなやかに生きていくための味方になると思っています。

少し前までは、占星術を語ること自体、ある種のレッテルを貼られがちだったけれど、風の時代は、堂々とスピリチュアルを使いこなしながら人生をドライブしていく人こそがカッコいい。

実際、ムーンクリアリングによって、わが家は以前にも増して「いつも家がきれい」「忙しいのにどうやって？」と関心を持っていただけるようになり、いつの間にかパワーハウスに育っていたのですから、感謝しかありません。

おわりに

取材やワークショップでわが家に来てくださった方が、「早く帰って、家のそうじや模様替えをしたい」とうずうずした様子で呟くのを見ると、「その気持ち、わかるなぁ」とにんまりしてしまいます。

わたし自身、20代から30代にかけて、雑誌の取材でセンスのいい家やお店を訪ねるたびに、同じ心境でしたから。

「なぜこの空間はこんなに素敵なんだろう」と、その魅力を頭のなかで分解し、家に帰ったらできることから即実践。結果、思い通りになったり、ならなかったり。そんなふうに試行錯誤を重ねながら、少なくとも自分にとっては最高と思える空間をつくれるようになったのです。

わたしはインテリアのプロではないので、本や音声配信（２０２２年からVoicyでパーソナリティをしています）で、「こうすればおしゃれな家がつくれますよ」といった実用的なハウツーを伝えるのは、自分の役目ではないと考えてきました。

しかし、わが家を訪れた友人や、ワークショップの参加者さんから、家のあれこれについて質問されると、はりきって、なぜそれを選んだかを力説してしまうのです。

すると、「いいモノを紹介してもらった」と喜んでもらえることも多く、自らの好きなものについて語る熱量の高さと、それを他人に伝える才能（というか、わりと得意だということ）に気づきました。

この本の企画は、まさにその気づきから生まれたといえます。本を手にしてくださった方に家を案内しながら（ページ右上のアイコンは間取り図だと気づいていただけたでしょうか？）、置いている家具、飾っている雑貨、使っている道具について、個人的な思い入れとともに魅力を伝えていく。

購入した店や作り手の情報は、知っている範囲で文章内に盛り込みましたが、ヴィンテージ品は同じものは手に入りにくいだろうし、セミオーダーや造作家具、廃盤品も、無理に削ることはしませんでした。それでも、わたしが大切にしてきたモノとのストーリーを一つひとつ読むうちに、「好きな家をつくるヒント」を見つけてもらえたらと思います。

思えば、周囲を見る視界のピントがくっきり合って、この世はこんなにも「素敵」「かわいい」「これが好き」というモノにあふれていたのか！と知ったのが、一人暮らしをしてからだったと思います。

それまでは、近視だと気づかずにメガネをかけないで暮らしていたみたいに、風景も、自分の感情も、どこかぼんやりとした輪郭の中で生きていたのが、自分で働いて得たお金で部屋を借り、家具や雑貨を買い揃えていった20代以降、本当の意味での人生がはじまった気がします。

80個近い愛用品それぞれにストーリーを添える、というコンセプトを思いついておきながら、いざ出版が決まると、はたしてそんなに書けるだろうか、と怖気づいたことを、そっと告白します。ところがまったくの杞憂で、書きはじめてみれば、筆が止まる暇がないくらい、するすると書けました。

モノを前にすると、この子とはこんな出会いだった、こんなふうに付き合ってきた、こここがいいところなの、と愛情がふつふつと湧いてくる。

だからわたしは、郊外の古い家に暮らしながらここで仕事もして、都会へ出かける機会は年々減っているにもかかわらず、幸福度は逆に増していると感じられるのでしょう。世界中のどこより自分の家が好きと思えるなら、その人生はきっと幸せ。心からそう思います。

最後に、素晴らしい本づくりをご一緒できた仲間に、感謝の気持ちを伝えさせてください。わが家の空気感をそのままページに再現したような、繊細で大胆なデザインを手がけてくださったデザイナーの三上祥子さん、心地よい湿度をまとった陰影の美しい写真を撮ってくださった写真家の宮濱祐美子さん、『ただいま見直し中』に続き、わたしの要望をおおらかに受け止めながら制作を引っ張ってくださった技術評論社の秋山絵美さん、ありがとうございました。

二〇二四年三月　庭の紅梅を眺めながら　著者

小川奈緒／おがわなお

エッセイスト。1972年生まれ、千葉県出身。早稲田大学第一文学部文芸専修卒業後、出版社勤務を経て、2001年よりフリーランスに。ファッション誌のエディター&ライターとして活動したのち、2013年『家がおしえてくれること』を出版。以降は著作活動に軸足を置き、暮らし、家づくり、おしゃれなど、ライフスタイルにまつわるエッセイを執筆する。既刊に『すこやかなほうへ 今とこれからの暮らし方』『ただいま見直し中』『直しながら住む家』ほか。今作は12冊目の著作となる。また、音声メディアVoicyで「家が好きになるラジオ」のパーソナリティとして多くの支持を獲得するほか、自宅でのワークショップも開催するなど、活動の場を広げている。

https://linktr.ee/nao_ogawa

ブックデザイン　三上祥子（Vaa）
写真　宮濱祐美子
編集　秋山絵美（株式会社技術評論社）

家《いえ》が好《す》きで

2024年5月10日　初版　第1刷発行
2024年7月5日　初版　第3刷発行

著者　小川奈緒《おがわなお》
発行人　片岡巌
発行所　株式会社技術評論社
東京都新宿区市谷左内町21-13
電話　03-3513-6150　販売促進部
03-3513-6185　書籍編集部

印刷・製本　大日本印刷株式会社

ISBN978-4-297-14122-6 C2077
Printed in Japan